Tu regalo

Una forma de darte las gracias y agradecerte el haber comprado este libro es haciéndote un regalo. Así que quiero regalarte un ebook con las "5 estrategias infalibles para crear una vida de éxito".

Con este ebook (que incluye ejercicios) aprenderás:

- Las **5 estrategias infalibles** a incorporar en tu día a día para cambiar tu mentalidad y lograr la vida que mereces.
- **Qué es para ti el éxito y cómo conseguirlo a nivel práctico.**
- **Cómo superar tus miedos** de una vez por todas para dejar de sabotearte.
- **Descubrirás qué te impide** manifestar la vida de tus sueños y cómo transformarlo para crear una vida de éxito.

DESCÁRGALO AQUÍ:

https://www.institutodesuperaccion.com/5-estrategias-exito

EL MEJOR AÑO DE TU VIDA

EL MEJOR AÑO DE TU VIDA

DEJA QUE SUCEDA
LO QUE TENGA QUE SUCEDER

MÒNICA FUSTÉ

Título: *El mejor año de tu vida*

Dedicado a Lluís, mi único hermano, por su gran apoyo y amor incondicional. Gracias por estar siempre ahí

Y a todas las personas que desean ser libres y experimentar la vida con toda su plenitud

Índice

1.ª etapa: Apertura del puente
(Puerta al Cielo)

2.ª etapa: Purificación del puente
(Quemar condicionamientos)

3.ª etapa: Firmeza del puente
(Equilibrio de polaridades)

4.ª etapa: Unión del puente
(Fin del viaje)

Introducción

Namasté querido lector,

Este libro es un gran sueño y, como tal, es mágico. De ti depende que su magia te penetre y te libere de la prisión mental en la que vives.

Tú eliges hasta qué punto te va a cambiar la vida. Cuanto más abierto y receptivo estés, más fluirá la sabiduría suprema a través de ti. Sueña, ríe, sorpréndete, confía, diviértete, relájate, deja volar la imaginación y olvídate de miedos, dudas e inseguridades.

Este puede ser el mejor año de tu vida.

Entre tus manos, tienes un manuscrito que goza del poder de re-conectarte con quien tú eres realmente. Te liberará de los condicionamientos mentales del paradigma imperante y te abrirá la mente a una vida más fácil. Si quieres ser libre de verdad, este libro es para ti.

Tu vida real empieza fuera de la zona de comodidad. Los sueños se hacen realidad cuando te expandes al mundo sutil. Se requiere coraje para experimentar lo nuevo. Sé valiente en tu aventura y, sobre todo, diviértete.

Como decía *El Principito*, «lo esencial es invisible a los

ojos». Conviértete en el niño/a que un día fuiste, sé curioso e inocente. Deja que el amor profundo de estas palabras acaricie tu corazón.

El mejor año de tu vida tiene un mensaje para ti; encuéntralo y experimenta por ti mismo. Confía en tu grandeza.

Gracias por ser el líder de tu vida y por emprender este viaje interior. Te saludo como hacían los mayas:

—*In Lak'ech. (Yo soy otro tú).*

A lo que contestaban:

—*Hala Ken. (Tú eres otro yo).*

Deseo de todo corazón que este libro te haga volar con grandes alas como ha hecho conmigo.

Prepárate para entrar en el mundo mágico de un sueño.

El ritual matutino

Domingo, 2 de enero

Me desperté sin alarma. El reloj marcaba las cinco en punto. Me sentía rebosante de energía y entusiasmada por un nuevo día. Como cada mañana, di las gracias antes de levantarme de la cama. Me duché rápidamente y me vestí con unos *jeans* y una camiseta cómoda.

Aquella mañana me sentía más feliz y confiada que de costumbre. Era el segundo día del que sería el mejor año de mi vida. Una voz interior repetía: «La ley de causa-efecto o compensación es matemática; no falla. Prepárate para cosechar los frutos de las semillas que has plantado». Esa ley, también denominada «Ley del Karma» es la que nos confirma todas las religiones con distintas expresiones. No es ningún secreto que en la vida cosechamos lo que sembramos.

La numerología me confirmaba que aquel sería un año importante. Desde que conocí a Stanley en un viaje al sur de la India que prestaba especial atención a los números. Me quedé asombrada con todo lo que me reveló haciendo unos simples cálculos y gráficos con mi fecha de nacimiento. Él decía que los números representan una vibración y que nunca se equivocan. Desde entonces, sé identificar los días, meses y fechas específicas importantes en mi vida.

Aquel día 2 era uno de ellos. Los días 2 de cada mes siempre me traían alguna sorpresa imprevista.

Como cada día, puse un café bien caliente a mi taza predilecta y empecé con los preparativos de mi ritual matutino. El ritual consistía en crear la atmósfera ideal para vivir otra de aquellas experiencias tan inspiradoras. Yo les llamaba «momentos ¡Ajá!» y sucedían cuando, de repente, me decía:

—¡Ajá! Ahora lo comprendo.

Era como colocar una nueva pieza al puzle del misterio de la vida. En definitiva, los «¡Ajá!» son esas revelaciones inesperadas que provocan un *click* en la mente y aportan claridad.

Desde hacía un par de años que practicaba aquel ritual matutino con mucha solemnidad. Aquello me hacía sentir más viva que nunca.

Me senté en mi escritorio con una mente vacía y clara, disfrutando del sabor del primer café de la mañana. Qué placer era aquello; indescriptible con palabras. Notar cómo el efecto de la cafeína potenciaba mi concentración mental era brutal.

El escenario era perfecto: el aroma del café recién hecho, dos velas blancas encendidas una al lado de la otra y, en el centro, la figura de un ángel dorado que siempre me acompaña. Puse un incienso indio con un olor fuerte, la lámpara de sal y una música celestial con el volumen bajo. A lo lejos, oía el sonido del agua de una pequeña fuente con un Buda que había comprado hacía una semana. Enfrente observaba el cuadro abstracto de colores azul índigo que me había regalado mi hermano. Pura belleza, así es como lo describiría.

El silencio del alba me abrazaba con serenidad. Me imaginaba danzando armónicamente con el Cosmos cuando la mayoría aún dormían.

Estaba todo preparado para empezar lo más mágico del día. Ese era el momento de fusión con mi yo real (mi naturaleza superior, Dios, el universo, la fuente, la inteligencia suprema, la consciencia, la energía, mi yo superior, el Sabio...), o como queramos llamarlo.

En otras palabras, mi creatividad fluía libremente sin resistencias. Me convertía en un canal creativo, abandonaba mi ego y me unía a la totalidad. Así surgían, de la nada, los «momentos ¡Ajá!». Eso me hacía vibrar hasta el más diminuto punto de mi cuerpo.

A veces pienso que solo vivo para esto.

La paz interior que experimento en esos momentos de sintonización con quien soy realmente, no tiene precio.

Aquella mañana de domingo, sin esperarlo ni haberlo premeditado, sucedió lo inesperado.

De repente, cerré los ojos y tuve una visión que cambiaría la concepción de mi vida. El tiempo y el espacio desaparecieron. Entré en otra dimensión más profunda. Sin saber muy bien cómo, viajé a una infinita pirámide de color violeta iluminada con una divina luz blanca. Se respiraba una quietud milagrosa. Estaba relajada y tenía la sensación de haber estado allí antes. Me senté en un cojín que había en el suelo y esperé.

Al cabo de poco, empecé a ver imágenes de mi vida como si fueran una película rápida. Aparecían todas las experiencias y personas importantes que irrumpían en mi corazón como un láser. Recuerdo que lloré, me emocioné por la claridad de aquellas imágenes. Sentí un Amor (con mayúsculas) por todas las personas y por mí, en particular. Era como si me estuviera viendo a través de otros ojos. Me percibía como una niña (incluso en las imágenes de adulta).

Allí comprendí muchos de los acontecimientos que había vivido. Me llené de compasión y gratitud. Y lo más importante, me perdoné completamente a mí misma y a los demás.

A continuación, las imágenes desaparecieron y, entonces, me vi rodeada de otros seres de luz formando un círculo. Les miré y reconocí la mirada de cada uno de ellos. Con lágrimas de bondad, mirándoles fijamente a los ojos, les dije, uno a uno, que les amaba. Les di las gracias por todo lo vivido.

¡Qué emoción al recordar aquel momento! Se me ponen los pelos de punta solo de visualizarlo. No sé cuánto tiempo duró pero la plenitud que sentí fue eterna. Esa imagen se ha quedado grabada en mi mente para siempre.

Todas aquellas presencias de luz, sin excepción, me transmitían amor puro y mucha paz. Me animaban a perseverar con mis sueños hasta alcanzar el éxito. Decían:

—Disfruta del camino. No hay lugar donde ir, solo existe el camino.

—¿Y cuál es el camino? —pregunté.

—Todo forma parte del Plan Divino. Tu alma te guía a tu destino.

—Eh... ¿del Plan?

—La vida es puro teatro en el que tú eres el personaje que has elegido ser. Conviértete en el espectador.

—¿En el espectador?

—Imagínate que estás en un rascacielos. Visualízate en el tercer piso y mira por la ventana. Verás una realidad. Ahora sube con el ascensor hasta el piso onceavo, por ejemplo. Vuelve a mirar por la ventana. La realidad que verás es diferente. Tu realidad se ha expandido; ahora eres capaz de ver más cosas. Tu percepción es distinta. Esto es lo que significa ser un espectador; se trata de mirar desde arriba.

—Utiliza la visión del águila —comentó otra voz.

Entonces se hizo el silencio. Por unos segundos, me imaginé que era un águila que volaba y lo veía todo desde lo alto. Me di cuenta de que la vida es muy efímera y fugaz. No tiene sentido tomársela tan en serio. Es cuestión de disfrutarla.

De repente, otro ser dijo:

—Ríndete a quien tú eres realmente.

—¿Y quién soy realmente? —pregunté.

—Esto te lo desvelará tu viaje interior.

—¿Mi viaje interior?

No comprendía nada. ¿De qué me estaban hablando? ¿Estaba soñando?

—Deja que suceda lo que tenga que suceder.

Esta última frase me resonó de un modo especial. Noté cómo mi corazón latía más rápido. ¿Y qué es lo que tiene que suceder? Al instante de hacerme aquella pregunta, algo cambió. Abrí los ojos y me encontré de retorno a mi escritorio. Todo seguía igual ante mis ojos. Sin embargo, aquella experiencia transmutó la percepción de mi realidad.

Empecé a verlo todo como un teatro de verdad.

De aquella inmensa lucidez mental surgió el siguiente mensaje:

—Confía y disfruta de este día como si fuera el último. Te quiero, Iris.

Después de aquella visión tan conmovedora, respiré profundamente y contemplé todo lo que me rodeaba con especial atención. Tuve una sensación muy extraña. Sentía como si estuviera fuera de mi lugar. Todo aquello parecía muy irreal. Lo percibía con una perspectiva panorámica como si lo viera todo desde arriba.

—Yo soy de otro mundo —me decía—. Claro, este es el escenario del teatro. ¿Qué hago yo aquí realmente? —me preguntaba—. ¿Qué sentido tiene todo esto? ¿De dónde vengo? ¿Adónde voy?

Cogí mi cuaderno, el *I Ching** y las tres monedas para realizar las tiradas que me darían las respuestas que buscaba.

---

* El *I Ching* (o «libro de las Mutaciones») es un libro oracular chino cuyos primeros textos se suponen escritos hacia el 1200 a. C. Es uno de los Cinco Clásicos confucianos. Consta de sesenta y cuatro hexagramas. Para los occidentales, es un reto comprender sus principios orientales con una concepción del mundo y la vida tan distintos.

Hacía más de dos años que aquel sabio libro me acompañaba en mi crecimiento personal. Durante todo ese tiempo, cada día insistía en aplicar sus principios a un nivel profundo. Sin embargo, en muchas ocasiones mi mente se resistía. Romper con hábitos mentales tan arraigados no era tarea fácil.

Durante las últimas semanas, mi relación con el *I Ching* había mejorado considerablemente. Por fin, empezaba a comprender sus respuestas de una forma más clara. La primera pregunta que escribí aquella mañana después de la visión fue:

¿Cómo dejo que suceda lo que tenga que suceder?

Sabía que había otra manera más fácil de vivir: sin lucha ni sacrificios. Intuía que permitiendo que las cosas sucedieran sin interferir, era posible alcanzar todo lo que deseaba en la vida sin esfuerzo. Y estaba comprometida en descubrirla.

Ser un Instrumento del Universo

Desde muy joven anhelaba experimentar la verdadera libertad. Quería sentirme libre a todos los niveles: espiritual, mental, emocional y social. Eso implicaba liberarme del control de la mente condicionada para experimentar quién era yo realmente. Se trataba de vivir una vida sin miedos.

Si otros lo habían conseguido, también podía yo, me repetía.

A menudo, para ser libre soñaba con convertirme en un Instrumento del Universo. Deseaba tener un impacto en la sociedad, dejar un legado y contribuir a crear un mundo mejor. Sentía una fuerte responsabilidad para dar lo mejor de mí en ese proyecto de vida.

Continuamente, le repetía al universo que estaba en sus manos de una forma incondicional y que me utilizara para un propósito superior.

Por aquel entonces, hacía más de seis meses que estaba escribiendo mi segundo libro y no había manera de terminarlo. Cuanto más forzaba el progreso, menos avanzaba. Cuantos más planes hacía, menos se cumplían.

En aquel tiempo, aún creía que yo estaba al mando y que podía controlar el cómo y el cuándo sucedería. Y como no era así, me frustraba. Vivía en una lucha continua entre la realidad presente y lo que pensaba mi mente. Convivir con aquella incertidumbre era un gran reto para mí.

Aquella mañana de domingo, 2 de enero, por sorpresa, el *I Ching* me respondió:

—Ahora entiendes. Este hexagrama habla del dominio de uno mismo y de la independencia que hemos adquirido. En este estado, inconscientemente manifestamos el poder supremo.

—¿Manifestamos el poder supremo?

¿Qué significaba aquello? Puse toda mi concentración a esa respuesta. Quería comprenderla a un nivel sutil. Empecé a reflexionar con una mente vacía e inocente (como me diría *El Ching*) mirando al ángel dorado que me acompañaba en mi escenario. A su lado, las dos velas aromáticas emitían calidez y la música celestial me inspiraba.

De repente, una divina luz blanca iluminó aquella figurita de ángel y me susurró:

—¡Hola! Me llamo Cristal.

—Ehhhh... ¿Quién eres tú?

—No te asustes, soy un Ángel de la Tierra.

—¿Un qué? ¡Dios! Estoy delirando —me dije a mí misma.

—No estás delirando, Iris.

—¿Cómo sabes lo que estoy pensando? —le pregunté.

—Telepatía, mi querida amiga.

—¿Telepatía? ¿Y cómo sabes mi nombre?

—Soy tu esencia, respondió con una sonrisa pícara.

—¿Mi qué...? Me estoy volviendo loca.

—No te estás volviendo loca —respondió.

—¿Otra vez? Otra vez has adivinado lo que estaba pensando.

—Los ángeles de la tierra nos comunicamos por telepatía.

—¿Y qué quieres de mí?

—Quiero ayudarte a aprender a fluir con la vida.

—Uiiii... Esto será muy complicado. Llevo meses intentándolo yo misma y no hay manera. Mi mente no quiere rendirse. ¿Cómo vas a hacerlo?

—Te convertirás en un Instrumento del Universo.

—¿Un qué...?

—Una espectadora de tu vida.

¡Ah! Lo mismo que me habían dicho aquellos seres de luz de la visión matutina.

—Confía en mí. Haremos un viaje juntas en el que te entrenarás para poner tu mente al servicio del corazón, y no viceversa.

Poner mi mente al servicio del corazón. Aquello parecía una misión imposible.

—¡Vaya! ¿Y así me liberaré de mis miedos?

—Claro.

—Si realmente consigo esto, saldré de la prisión mental en la que vivo. Dejaré de sufrir. Mi mente me lleva por el camino de la amargura —le dije.

—Lo sé. Deja que suceda lo que tenga que suceder.

Y así desapareció. Otra vez, la misma frase de la visión de aquella mañana.

—Qué día más insólito —dije para mí misma.

¿Estaba soñando o todo aquello era real?

Quizás me había quedado dormida sin darme cuenta y todo aquello había sido un sueño. Decidí no contarle a nadie aquella experiencia hasta que no tuviera más claridad. Al igual que la visión de mi ritual matutino, la guardaría como un secreto íntimo en mi corazón.

Después de la aparición de Cristal, me sentía un poco confusa y decidí tomarme el día libre. Fui al mar a pasear y a disfrutar de la belleza que me abría el corazón. Una sensación de pura perfección se apoderó de mí. Algo en mí se había transformado aunque no sabía muy bien qué era.

Desde aquella experiencia, empecé a sentirme acompañada de una presencia, como un amigo que estaba conmigo en todo momento.

Aquel día, morí y renací siendo otra.

Un mundo mágico

Hacía un día soleado, el mar estaba sereno y a lo lejos en el horizonte se unía el azul celeste del agua con el cielo. La playa solitaria de arena blanca invitaba a pasear con los pies descalzos. Caminé por la orilla y me senté junto a unas gaviotas que jugaban entre ellas.

El silencio me acompañaba. Sentía plenitud solo de observar la inmensa belleza de aquel paisaje marino.

—Esto es maravilloso. No necesito nada más para sentirme bien.

Estar cerca del mar era una de mis rutinas predilectas. Me relajaba enormemente. Me imaginaba a mí misma siendo el mar.

—Somos un flujo en constante movimiento —pensaba—. A veces la marea está movida, otras está en calma.

Estaba inmersa en mis pensamientos, cuando apareció Cristal como una brisa de aire fresco.

—Hola, Iris. ¿Cómo estás?

—Muy bien, gracias. ¿Y tú? —Esta vez ya no me sorprendí como en el primero de nuestros encuentros. Decidí confiar en ella. Total, no tenía nada que perder.

—Es precioso, ¿verdad?

—Sí. Ya estás leyendo mis pensamientos otra vez. Olvidé que tienes telepatía. ¿Qué me cuentas?

—¿Quieres que te describa cómo es mi mundo?

—Sí, claro.

—Es un mundo sutil.

—¿Sutil?

—Solo se ve con el corazón. Es invisible para los ojos, pero muy real.

—¡Ah! Qué interesante. Me encantará escucharte.

—Genial. Pues ahí va...

»En mi mundo, no hay reglas ni normas impuestas por ninguna autoridad, ni tampoco existen jefes, gobernantes o verdugos. Nadie es superior o inferior, tenemos todos los mismos derechos y rangos. Vivimos en igualdad y justicia.

—¿No tenéis jefes? —pregunté.

—No, Iris. No los necesitamos. Ni tampoco tenemos víctimas ni salvadores.

»Somos eternos aprendices. Cada uno posee sabiduría innata y una parte de la verdad parcial. Sabemos que la verdad absoluta es indescriptible con palabras y no pertenece a nadie.

»Nos reconocemos por la mirada y la luz que emitimos. Brillamos en el interior.

—¿Brilláis?

—Sí. Somos líderes de nuestra propia vida. Cada uno se responsabiliza de sí mismo.

—¡Qué increíble!

—Es un mundo donde reina la paz, la libertad y el amor.

—¿Y cómo vivís?

—¡Vivimos con alegría! Nos apasiona bailar, cantar, pintar, dibujar, recitar poesía, escribir, diseñar, conversar, leer, pasear, contemplar, innovar...

—¡Qué divertido!

—Sí. Gozamos mucho de la vida. Cada día es una sorpresa para nosotros.

De repente, unas gaviotas se acercaron y empezaron a volar en círculo encima de nuestras cabezas. Cristal y yo nos quedamos observándolas con admiración. Parecía que se divertían fácilmente. Después de unos minutos de silencio, Cristal prosiguió con su relato...

—Somos una comunidad denominada «Consciencia de Unidad». Nos llaman así porque actuamos como una gran familia cooperando y desarrollando sinergias. Colaboramos con el principio «gana-gana», en el que todas las partes de cualquier relación siempre sacan provecho.

»Somos conscientes de que en esencia somos Uno y no vemos ninguna separación entre nosotros. No nos dejamos engañar por la percepción limitada de los cinco sentidos.

»Percibimos con el corazón y nos enfocamos a servir a los demás. Uno de nuestros principios básicos es: «Lo que yo le doy a otro, me lo estoy dando a mí mismo».

—¡Qué interesante! —comenté—. En mi mundo material no existe este principio.

—Ya lo sé. Por eso tenéis tantos problemas.

—Sigue, sigue —insistí.

—La creatividad es nuestra fuente de energía. Somos seres creativos por naturaleza. Algunos son artistas, otros maestros, sanadores, enseñantes, mensajeros, alquimistas, innovadores...

—¿Y todos tenéis nombres como el tuyo?

—Cristal es un nombre muy común en mi tierra. Se utiliza para recordar que nuestra esencia es transparente y que somos seres cristalinos. Todos los nombres tienen un significado.

—¿Ah, sí? ¿Y conoces el significado de Iris?

—Claro.

—¿Cuál es?

—Lo descubrirás por ti misma.

—Bueno... ¿Y qué más?

—Nos apasiona la música. La música siempre está con nosotros, forma parte de nuestra vida. Cada uno toca una nota musical única y componemos una armonía cósmica que nos mantiene unidos. La llamamos «la melodía del Amor Incondicional».

—Este es un amor sin condiciones, ¿no?

—Exacto. Aceptamos cada momento tal y como es. No nos resistimos al cambio.

—Cómo me gustaría a mí vivir así —le confesé.

—Te enseñaré cómo hacerlo, Iris.

Mi mirada se iluminó. No podía creer lo que estaba viviendo. Hablando con un Ángel de la Tierra como si fuera lo más normal del mundo. Allí sentada en aquella playa solitaria con la compañía de Cristal y el sonido de las olas del mar.

—Qué vida más mágica —pensé. Y luego pregunté—: ¿Y cómo es vuestra tierra?

—Nuestra tierra es fértil y productiva. Vivimos cerca de un lago luminoso rodeado de verdes prados y árboles silvestres. El agua es pura y limpia. Nos alimentamos de productos ecológicos que producimos nosotros mismos.

Somos parte de la Naturaleza. Por eso, la cuidamos con todo nuestro amor. Sin ella, moriríamos. Otro de nuestros principios básicos es que «La belleza es nuestra verdad».

—¿Y de qué vivís? —pregunté.

—Cada uno se dedica a su pasión y genera la realidad que desea. Hemos creado un mundo mágico.

—¿Un mundo mágico?

—Sí. La magia no es nada más que un estado de consciencia más elevado. Somos maestros de nuestro destino.

Me quedé impresionada de cómo Cristal hablaba de la magia como si fuera lo más normal del mundo. Aquella definición tan reveladora me abrió los ojos. Si solo se trataba de elevar el nivel de consciencia, entonces yo también podía hacerlo. No era necesario tener dones especiales ni nada por el estilo. Se trataba de un entrenamiento mental para convertirme en el maestro de mi destino.

—¿Realmente existe la magia? En mi mundo se dice que la magia es una fantasía.

—Claro que existe. La vida es pura magia. Ya lo verás.

—¿Y ganáis mucho dinero?

—Vivimos en la abundancia y riqueza. En mi mundo sutil, los recursos son ilimitados. No existe la competencia, la ambición ni la lucha. En todo momento recibimos lo que necesitamos. Vibramos a una frecuencia más alta en la que no hay espacio para la negatividad, la preocupación o la escasez.

—¿A una frecuencia más alta?

—Sí. Todos somos seres vibratorios, como tú. Nosotros nos hemos liberado de los condicionamientos de la mente y tenemos una mentalidad de abundancia.

—¿Mentalidad de abundancia? ¿A qué te refieres exactamente?

—Te lo contaré más adelante.

—¿Seguro que no me lo puedes contar ahora?

—Shhhhh... Escucha, Iris.

—¿Qué?

—Escucha el silencio que te guía.

—¿El silencio?

—Sí. Nosotros, los ángeles de la tierra, nos guiamos por el silencio.

—Qué raro. En mi mundo, poca gente valora el silencio.

—Lo sé. Para apreciar el silencio es imprescindible elevar la consciencia.

—Entonces, el silencio, la magia y la consciencia, ¿van de la mano?

—Así es. Igual que la creatividad.

—¿También?

—Sí. Por eso a nosotros también nos llaman «los creadores conscientes».

—¡Ah! Esto me gusta más. Parece más real, ¿no?

—Ja, ja, ja. ¿Y qué es real, Iris?

Dicho esto, desapareció igual que había venido sin dejarme tiempo para despedirme.

Me quedé durante un buen rato allí sentada en aquella playa con la compañía de mi soledad. Contemplé la puesta de sol anaranjada y volví a casa cargada de energía. Había tenido un día espectacular lleno de milagros sorprendentes.

Me sentía liberada, como si por primera vez me hubiera permitido fluir a un nivel más profundo. Sin resistencias.

—Estoy viviendo el mejor año de mi vida —me repetía.

La misión: unir Cielo y Tierra

Aquella noche tuve un sueño muy revelador. Soñé que visitaba el mundo mágico de Cristal.

Llegué a lo alto de una montaña y, al otro lado del abismo, divisé una pequeña comunidad. Vi a un grupo de ángeles de la tierra cantando y bailando en círculo al lado de un lago. Se les notaba a todos muy felices disfrutando de una melodía armónica que sonaba con ímpetu. Se movían sincronizados con mucha naturalidad. En la atmósfera se respiraba alegría y gozo.

Era un lugar muy hermoso, con un huerto de hortalizas y verduras, y el entorno lleno de flores de multitud de colores. Había muchos robles de gran altura que daban sombra y una gran diversidad de árboles frutales. Alrededor del lago, se veían varias casas de madera idénticas construidas una al lado de la otra. Al fondo, se divisaba un gran arco iris que unía el Cielo con la Tierra.

Para llegar hasta allí era necesario cruzar un puente que estaba en construcción. Me quedé observando sin atreverme a continuar el camino, cuando Cristal me vio.

—Irisssss, ven. Te presentaré a mi familia de almas.

—No, no, gracias. Aquí estoy bien.

—Bueno, como quieras. Entonces vengo yo a saludarte.

—¿Qué estáis haciendo, aquí? —le pregunté cuando se sentó a mi lado.

—¿De verdad quieres saberlo?

—Claro.

—Muy bien. Te lo contaré...

»Hemos venido a la Tierra con una misión muy específica. Desde hace años, estamos construyendo un gran puente que unirá el Cielo con la Tierra como el arco iris que ves allí al fondo. De hecho, es un puente de luz que ya existe, solo necesitamos arrancar las malas hierbas que no dejan ver el camino, limpiarlo de obstáculos y enseñar cómo cruzarlo. Nos apasiona este propósito de vida ya que iluminará a todo el planeta.

—¿Un puente de luz?

—Sí. Es un puente que une nuestro mundo sutil con el físico.

—¿Te refieres a crear el paraíso en la Tierra?

—Exacto. Veo que me sigues.

—¿Estás segura de que esto es posible? —le pregunté, dubitativa.

—Totalmente. Una vez cruzado el puente, uno vive en un estado permanente de paz y armonía; se convierte en un ser libre; se une a la totalidad.

—¿Eh...?

—Sí. Deja de sentirse separado de los demás. En el camino se ha liberado de los miedos, pesos innecesarios y se ha sintonizado con quien realmente es. Es entonces cuando su vida se transforma en un juego apasionante donde la magia juega un rol fundamental. Se convierte en un Ángel de la Tierra o Creador Consciente. Pasa de una vida enfocada en el miedo a una centrada en el amor.

—¿Y existen muchos creadores conscientes en la Tierra?

—Cada día más. Cada nuevo mago ilumina el camino a otro para cruzar el puente. Y así se crea lo que se denomina un «efecto dominó».

—¿Te refieres a que es más fácil cruzarlo?

—Exacto. Cuantos más creadores conscientes haya, más fácil es. Esto facilita mucho el proceso ya que hay más luz para cruzar el puente. Nuestra comunidad, la Consciencia de Unidad, se está propagando y expandiendo rápidamente.

—Me alegro mucho —le dije con sinceridad.

—Gracias —contestó con una sonrisa.

Todo aquello que me estaba contando Cristal, me resonaba en el interior aunque no recordaba haberlo hablado con nadie. Solo de imaginarme una vida sin miedos ya me creaba esperanza. Aquel era mi gran sueño: ser libre de verdad y convertirme en el maestro de mi destino.

—¿Qué significa exactamente ser un Creador Consciente?

—Ser el mago de tu vida.

—¿A qué te refieres?

—Crearás tu realidad sin estar condicionada.

—¿Y no la estoy creando ya?

—Ahora tu mente está determinada por influencias sociales, culturales, familiares, etcétera. Creas tu realidad de una forma inconsciente. Por eso, sigues repitiendo acontecimientos adversos que no deseas.

—¿Entonces dejaré de sufrir?

—Claro. Dejarás de ser una marioneta de tus programas mentales automáticos. Crearás la realidad que tú elijas sin esfuerzo.

—¿Sin esfuerzo?

—Exacto. Fluyendo con la vida.

No podía creerlo. Por un segundo, me imaginé viviendo sin luchas ni sacrificios; gozando de cada día como si fuera el último.

—Esto es lo que más deseo —respondí.

—Entonces escucha con atención. Para convertirte en un Creador Consciente, hay que emprender un viaje interior.

—¿Un viaje?

—Sí, Iris. Es una aventura en solitario donde nadie puede acompañarte.

—¿Nadie?

—Solo el Sabio.

—¿El Sabio...? ¿Y quién es el Sabio?

Con esta pregunta en mi mente, me desperté de un sobresalto al día siguiente. Miré el reloj: las cinco en punto de la mañana. Me levanté con un gran entusiasmo dando las gracias por el nuevo día que amanecía y empecé con los preparativos habituales de mi ritual matutino. Aquella mañana añadí una nueva práctica que consistía en mirarme al espejo y pronunciar en voz alta:

—Confía y disfruta de este día como si fuera el último. Te quiero, Iris.

No sabía el porqué de este acto, pero tampoco necesitaba comprenderlo. Estaba claro que la visión y la aparición de Cristal el día anterior habían creado un fuerte impacto en mí.

La ilusión me envolvía, con los cambios que comenzaban a producirse en mi interior. Era una auténtica investigadora de la vida. Mi curiosidad por descubrir el misterio de la existencia me mantenía más viva que nunca.

El trayecto:
un cambio de paradigma

Lunes, 3 de enero

Empezaba una nueva semana. Los lunes era uno de mis días preferidos. Eran como un nuevo comienzo. Cada semana aprendía alguna lección importante que hacía mi vida más fácil.

Como cada mañana, creé la atmósfera perfecta para recibir los «momentos ¡Ajá!». A aquella hora tan temprana, mi mente estaba tan descansada que me sentía muy relajada. Y disfrutando del inmenso placer del primer café de la mañana, escribí:

Mi sueño máximo para hoy es conocer al Sabio. Mi sueño mínimo es continuar siendo una espectadora neutral de mi vida.

Escribir mi intención clara para el día era uno de mis hábitos preferidos. Esto me permitía enfocarme en lo que realmente deseaba sin distraerme con el exterior.

De pronto, no sé muy bien cómo, mi mano se puso a escribir automáticamente a toda velocidad:

—*Cruza el puente que une el Cielo con la Tierra. No dejes que el temporal apague el fuego de tu interior. Hazlo brillar en todo momento. Sigue siempre adelante sin mirar atrás.*

—¿Cómo...¿ —pregunté. Y mi mano siguió escribiendo sin parar:

—*La ruta de este viaje es un cambio de paradigma. Un paradigma es la ventana o filtro a través de la cual ves el mundo. Imagínate que tú, sin saberlo, has llevado siempre unas lentes oscuras de color opaco. Ves el mundo a través de ellas sin ser consciente de ello. Hay mucha oscuridad pero crees que es normal. Siempre ha sido así.*

Me imaginé a mí misma con unas gafas negras. Y la escritura continuó:

—*Ahora imagínate que te cambias las lentes y te pones unas de color marfil. De repente, todo se ilumina y las cosas que ves cambian. Empiezas a ver también lo invisible y sutil. Tu realidad se expande con una nueva luz brillante que tiene un espectro más amplio de colores. Descubres una realidad que no sabías que existía. Creces y te llenas de plenitud.*

¿Qué me estaba pasando...¿
¿Era normal todo aquello...¿
Sentía una nueva energía que fluía a través de mí. Me dolía la mano por la rapidez de la escritura. Algo inusual estaba ocurriendo. No podía parar de escribir. No comprendía de dónde surgía todo aquello. Y la escritura sin control continuó:

—*Así es el itinerario del viaje interior. Se le denomina «cambio de paradigma». Consiste en pasar de una percepción enfocada en la separación (miedo) a una centrada en la unidad (amor). Una vez cruzado el puente, te conviertes en un Instrumento del Universo.*

—¿Un Instrumento del Universo?, otra vez, lo mismo que me había dicho Cristal —me sorprendí. Y mi extremidad continuó escribiendo sin levantar el bolígrafo del papel:

—*Durante el viaje, aparecerán sincronicidades y pistas que te guiarán pero también adversidades y peligros a superar. Es cuestión de perseverar y ser constante. El viaje para cruzar el puente consta de cuatro etapas:*

1) *Apertura.*
2) *Purificación.*
3) *Firmeza.*
4) *Unión.*

—¿Cuatro etapas? Qué interesante —pensé.

—*Se trata de una aventura apasionante en la que unirás tu naturaleza superior (divinidad) con tu naturaleza inferior (humanidad). Esto lo conseguirás equilibrando tus cuatro dimensiones: espiritual, mental, emocional y física. Una vez hecho esto, estarás en armonía con el Cosmos. En ese estado, manifestarás lo que deseas sin esfuerzo. ¡Diviértete!*

—¿Que me divierta? —Después de aquello, me quedé atónita. La vida me sorprendía cada día más, pero aquella experiencia excedía los límites de mi comprensión racional. Tomé un poco más del café que ya estaba frío y, por fin, la escritura automática paró—. ¿Mis cuatro dimensiones? —me preguntaba.

—Claro, Iris. Eres un ser multidimensional.

Volvió a aparecer Cristal de la nada con su mirada de ternura y la sonrisa en los labios.

—Cristal, no vas a creer lo que me acaba de pasar.

—¿Qué? —preguntó.

—Mi mano se ha vuelto loca y ha empezado a escribir a toda velocidad sin yo pensar.

—Ja, ja, ja. ¿No querías conocer al Sabio?

—Claro. ¿A qué viene ahora eso?

—Iris, acabas de conocerlo.

—¿Quééééé...?

—Ja, ja, ja. Bienvenida al mundo mágico —gritó.

No podía creerlo. Durante aquella experiencia, había sentido como si no tuviera ningún control. Una fuerza mayor se había apoderado de todo mi ser sin yo poder hacer nada.

El sabio interior

Estaba aturdida y me sentía confundida. ¿Qué me estaba sucediendo?

Aquel nuevo año había empezado de una forma muy extraña. Sabía que sería un buen año pero todo aquello superaba con creces mis expectativas. La intensidad con la que vivía era increíble. Los dos últimos días habían sido casi como una vida entera.

Una vez más, Cristal me leyó el pensamiento y me dijo:

—No tengas miedo, Iris.

—Bueno, no es miedo. Simplemente que todo va muy rápido.

—Es normal. Estás en metamorfosis.

—¿Metamorfosis?

—Claro, mujer. Te estás transformando como lo hace un capullo para mariposa. No te preocupes. Estás en buenas manos. Confía en la vida.

—Sí, sí, ya. Pero lo de esta mañana ha sido impresionante.

—Lo sé. Cuando te conectas con quien tú realmente eres, el potencial es infinito.

—¿A qué te refieres?

—Cuando uno decide emprender el viaje interior del cambio de paradigma, aparece el Sabio que le ayuda.

—¿El Sabio? A mí no se me ha aparecido ningún sabio.

—Iris, ¿aún no te das cuenta?

—Pues no.

—Te lo voy a contar...

»El Sabio es el poder supremo. Es la Inteligencia Universal que fluye a través de ti. Es quien te guía en el camino individual y solitario. Aunque no lo ves, siempre está contigo. Estás unido a él a través del amor incondicional. El Sabio te ama sin condiciones y no te juzga.

»Es muy importante rendirse a él. Si quieres controlar el cómo cruzarás el puente y el cuánto tardarás, te perderás. El Sabio te abandonará hasta que retornes al camino de la modestia e infinita paciencia.

»Tú sola no puedes cruzar el puente para unir Cielo y Tierra. Necesitas su ayuda. Para obtenerla, tienes que aprender a hablar con él.

—¿Hablar con él? —pregunté, extrañada.

—Sí.

—¿Y cómo se hace?

—La comunicación con el Sabio es a través del corazón. Tu intención para hacer este viaje debe ser pura, para servir el bien de todos. Si tu intención es egoísta con fines personales, el Sabio no te ayudará.

—Pero yo no he decidido hacer ningún viaje —protesté.

—Tu alma lo ha decidido por ti. Ríndete a la vida.

—¿Que me rinda a la vida?

—Sí. Pon tu mente al servicio del corazón. Esta es la puerta de entrada al Cielo.

—¿La puerta al Cielo?, me estás confundiendo, Cristal.

—Todas las respuestas están en tu interior. —Y sin yo decir una palabra, Cristal prosiguió—: Antes de emprender este viaje, es importante que te prepares.

»Sé consciente de que es un largo recorrido con sus cuestas, sus abismos y acantilados. Tienes que ser firme y decidida. Sé valiente y saca el coraje para no darte por vencida. Este es tu gran desafío.

»Primero te convertirás en un guerrero pacífico antes de ser un mago. Los guerreros pacíficos luchan consigo mismos, no contra los demás.

—¿Y cómo me preparo?

—Aprende a conectarte con el Sabio. Él es la fuente que te nutrirá en el camino. Existen distintas formas de sintonizar con él. Algunos escuchan el silencio, otros meditan prestando atención a la respiración, otros escriben, leen, pasean por la naturaleza, hacen yoga, Chi-kung, Taichí, utilizan el *I Ching*, miran las puestas de sol, se sientan en la orilla del mar, suben una montaña, corren por el campo, intimidan con otros, conversan, etcétera.

»Cada persona es un mundo, Iris. Tú eres única y existe una manera singular que te servirá a ti. Nadie te puede decir cuál es. Eres tú quien lo sabe.

—¿Te refieres a que la escritura automática de esta mañana era el Sabio expresándose a través de mí?

—¿Tú qué crees?

—Mmmm.

Cristal siguió con su explicación...

—Independientemente de cómo te sintonices, recuerda que se trata de estar plenamente en el «aquí y ahora». El Sabio solo existe en el presente. No lo encontrarás en el pasado o en el futuro. Él te pedirá que vacíes tu mente para que él pueda hablarte con claridad.

»Sé espontánea como una niña cuando te comuniques con él. Déjate llevar con una mente abierta y receptiva. Y estate atenta a lo que te comunica. No le juzgues o te abandonará.

»Cuanto más íntima sea tu relación con el Sabio, más fácil será tu camino. Sé humilde y paciente.

—¿Y no me aislaré demasiado de los demás durante este trayecto?

—No temas, Iris. En realidad, para unirte de verdad a los otros, primero necesitas unirte a ti misma.

—¿Y seguro que vale la pena?

—Te lo garantizo.

—Pero... ¿y qué pasará con mi personalidad?

—¿Quién lo está preguntando?

—¿Quién? Pues yo.

—Te espera una gran aventura —dijo riéndose.

Miré el reloj. Eran las ocho menos diez. Hora de ir al gimnasio. Dejé los cuadernos, apagué las velas y me fui pensando en el Sabio y en mi viaje interior.

La varita mágica para tu viaje

Cada día iba al gimnasio a la misma hora para seguir la clase con la misma profesora. Mar tenía unos cuarenta y siete años pero aparentaba diez menos. Nos hacía mover el cuerpo a un ritmo de salsa con la música a todo volumen. Era muy divertido. Nos encontrábamos un grupo de mujeres compartiendo intimidades mientras cuidábamos el cuerpo. Después de la clase, entraba en la sauna, donde reposaba unos diez minutos. Ese era mi momento sagrado de meditación.

Y así estaba lista para empezar el día con mis clientes.

Aquel lunes no podía quitarme de la mente la aparición del Sabio. Todo aquello me inquietaba bastante. Intuía cambios importantes en mi vida.

Eran las nueve y media cuando llegué al despacho.

Tenía un día ocupado, con varias sesiones de *coaching*, tareas pendientes y un par de *conferences calls*. Me encantaba el trabajo que hacía: ayudar a otras personas a alcanzar sus propios sueños. Era apasionante.

Los lunes, normalmente, eran días muy productivos. Aquel lunes me costó concentrarme, pero lo hice. Llegué a casa a las nueve y me sentí satisfecha del día. Haciendo repaso, me di cuenta de que lo que había escrito por la mañana se había cumplido, tanto el sueño mínimo como el máximo.

Aquello de escribir la intención clara del día, funcionaba. Cada día me convertía un poco más en la espectadora de mi vida. Lo empezaba a ver todo relativo y ya no dramatizaba.

Aquello noche, cuando iba a sentarme a la mesa para cenar, encontré un sobre amarillo.

—Qué raro —pensé.

El sobre no tenía remitente ni sello. ¿Cómo había llegado hasta allí? Lo abrí con curiosidad. Era una larga carta de dos páginas. Empecé a leer:

Iris, te admiro por tu valentía y coraje. Te voy a contar un secreto que a mí me ayudó mucho en mi viaje interior. Te prometo que si utilizas esta varita mágica, te convertirás rápidamente en el mago de tu vida.

Parece una tontería, pero es más poderosa de lo que parece. Si yo la hubiera descubierto antes, me hubiera evitado muchas de las adversidades que sufrí.

¿Estás curiosa? ¿Quieres conocerla?
Vamos allá.

—Típico de Cristal —pensé—. Siempre se gana toda mi atención y escucha activa. Cuando estoy con ella, lo demás desaparece. Incluso me olvido de mí misma. Es una concentración total. Seguí leyendo...

La clave para manifestar la realidad que deseas es la PALABRA CONSCIENTE. Hablar con consciencia significa elegir tus palabras en todo momento. «Claro, esto no es ningún secreto», me dirás. Piensa detenidamente. Pregúntate: ¿Dices lo que piensas? ¿Haces lo que dices? ¿Has unido tus palabras con tus pensamientos y acciones?

Todos los problemas aparecen por el conflicto entre tus pensamientos, palabras y acciones. ¿Cuántas veces decimos cosas que no pensamos y hacemos otras que no decimos?

—Uiii, muchísimas. Hoy mismo es un ejemplo. Por la mañana dije que llegaría pronto a casa, antes de las ocho, y al final me he liado en el trabajo y he acabado a las nueve. Muchas veces digo que iré tranquila todo el día y no me doy cuenta y voy corriendo, me acelero inconscientemente.

Me percaté de que era muy normal decir una cosa y hacer otra. Continué leyendo la carta.

Tus deseos se materializan SOLO cuando dices lo que piensas y haces lo que dices. En otras palabras, cuando vives con integridad.

Empieza a entrenarte a ser consciente de cómo hablas y de lo que dices en cada momento.

Olvídate de obligaciones como «debería», «tendría que», «se supone que...», o sus negaciones «no puedo», «no debo», «no tendría que...». Elimina de tu vocabulario la palabra «intentar». Cuando dices que intentarás hacer algo, estás diciendo que no lo harás.

Olvídate también de expresiones limitantes como «siempre», «jamás», «nunca», etc. No te juzgues diciendo que eres tal cosa y otra.

Háblate con amor. Expresa tu amor por ti. En ningún momento se te ocurra decir que eres cobarde, tímida, miedosa, vergonzosa, envidiosa, perezosa o cualquiera de estas negaciones. Tampoco digas que NO eres inteligente, creativa, comunicativa, valiente, líder, etc. Di que eres todo esto y mucho más. Aunque al principio no te lo creas, dilo.

Es imposible controlar los millones de pensamientos que tenemos a diario. Sin embargo, sí puedes aprender a decir únicamente lo que te sirva para crecer y expandirte. Empieza a hablar más despacio y presta atención a las palabras que pronuncias.

Si quieres alcanzar un nivel más alto de perfección, date cuenta de cuando dices cosas como, por ejemplo, «quiero adelgazar»; estás suponiendo que primero tienes que engordar; cámbialo por «estoy delgada». Es lo mismo que si dices «voy a buscar trabajo»; cámbialo por «encuentro trabajo», porque si no, manifestarás la continua búsqueda de trabajo. O «quiero encontrar a una pareja»; di «encuentro a un hombre/mujer»; si dices «pareja» encontrarás a un hombre con pareja o viceversa. Otros ejemplos: «quiero curarme»; di «estoy sana»; si no, asumes que primero debes enfermar. O «quiero ganar dinero»; cámbialo, por ejemplo, por «soy rico o el dinero fluye a mí; si dices «ganar» asumes que primero tienes que perder.

Las palabras son creativas. Si aún dudas de su poder, fíjate en cómo habla la gente con quien te relaciones y presta atención a su vida. Si encuentras a una persona que habla de forma negativa, con obligaciones, juzgándose, quejándose, etc., y es feliz, avísame.

Reflexioné sobre aquello. La verdad es que en los últimos meses había prestado una especial atención en cómo hablaban las personas con las que interactuaba. En todos los casos, sus vidas eran acordes a su forma de pensar y de hablar.

Si al contrario, estás completamente convencida del poder creativo de las palabras, empieza a hablar como si ya hubieras alcanzado lo que deseas.

Imagínate rodeada de las circunstancias que quieres. ACTÚA COMO SI YA fueras feliz, libre, completa, triunfadora, carismática, valiente, exitosa, multimillonaria, espiritual, serena, etc., sea lo que sea que desees. Da las gracias por haberlo obtenido (aunque aún no lo veas).

Esto ya lo sabía aunque me costaba ponerlo en práctica. «Actúa como si ya hubieras alcanzado lo que deseas», era la clave que mencionaban muchos de los libros de crecimiento personal que había leído. Pero aquello de ser tan consciente de mis palabras, era un buen recordatorio.

Potencia tu imaginación y utiliza tu varita mágica. Convierte este entrenamiento en un juego y coméntales a tus amigos, compañeros de trabajo y familiares que participen contigo. Proponles ayudaros mutuamente a mejorar vuestro lenguaje. Cada vez que pronuncies, por ejemplo, un «debería» o «tengo que»..., pídeles que te lo recuerden. Y haz lo mismo tú con ellos.

¡Disfruta del trayecto!

Tu Metamorfosis ya ha empezado.

Prepárate para convertirte en un ángel de la tierra o creadora consciente.

Firmado:

CRISTAL

P.S. Habla siempre con cautela.

—Qué regalo —pensé—. Esto me ayudará en mi viaje interior. Muchas veces hablo tan rápido que no sé ni lo que digo. Empezaré a prestar atención a mis palabras desde hoy mismo. Esto puede ser muy divertido.

Aquella noche me fui a la cama reflexionando sobre todo lo que había vivido en tan solo dos días. ¿Cómo era posible perder la concepción del tiempo de aquella manera?

Realmente tenía la sensación de que había estado en otro mundo. Cristal, el Sabio, el mundo mágico, la misión, el cambio de paradigma; todo aquello me llenaba el alma de plenitud. Me preguntaba:

—¿Qué es real? ¿Era todo aquello una ilusión de la mente? ¿Y quién sabe lo que es real y/o lo que es una ilusión?

El mundo de la ilusión

Cinco de la mañana como de costumbre. Di las gracias por un nuevo día. Me duché y me vestí con ropa cómoda. Mirándome al espejo, pronuncié mi nuevo mantra:

—Confía y disfruta de este día como si fuera el último. Te quiero, Iris.

Aquello me ponía de muy buen humor. No comprendía el porqué, pero funcionaba. Sonreí y pensé que si me viera alguien pensaría que era muy excéntrica. La verdad es que poco me importaba lo que pensaran los demás. Lo importante era que yo cada día me sentía más feliz y plena.

Mientras me deleitaba con mi primer café de la mañana, tuve la intuición de que aquel día tenía algún compromiso. Miré la agenda y vi que efectivamente había quedado con Max para comer. Lo había olvidado por completo. De hecho, había olvidado a Max desde la aparición de Cristal.

Llegué cinco minutos antes y lo esperé delante de la

puerta del restaurante japonés donde habíamos quedado. Él llegó con el rostro serio y malhumorado.

—Hola —le dije cuando lo vi.

—Hola. Tú siempre tan puntual, ¿eh? Pensaba que igual no venías.

—¿Te pasa algo?

—Bueno, te llamé ayer y antes de ayer y aún espero que me devuelvas las llamadas —contestó enfadado.

—Lo siento, Max. Es que llevo unos días... Ahora te lo explico todo.

—Tú siempre con tus historias, Iris. A veces parece que vivas en otro mundo.

Entramos en el restaurante y nos señalaron una mesa íntima al rincón.

—Qué bien —pensé—. Así le podré contar la aparición de Cristal y mi experiencia con el Sabio.

Max tenía un mal día. De eso no había dudas. Aunque últimamente siempre estaba de mal humor.

—El mundo se está apagando a una velocidad espeluznante. Estamos viviendo la peor crisis de toda la historia —dijo.

—Bueno, el cambio es inevitable.

—Ya, qué fácil decirlo.

—Max, igual que ves la crisis puedes ver oportunidades en el contexto actual.

—No sé cómo. Todas las estructuras del modelo capitalista se están derrumbando. El paradigma imperante se está cayendo. La política es un desastre. La economía y los bancos, sin comentarios. La ciencia tampoco soluciona los problemas y la religión no pinta nada. Tenemos más pobreza, guerras, enfermedades y conflictos que nunca. El planeta está enfermo. Nadie sabe lo que va a suceder en los próximos años.

—Necesitamos un cambio de paradigma —comenté.

—Sí. Pero, ¿cuál?

—El paradigma de la Consciencia de Unidad.

—¿El quéééé...?

Entonces le conté todo lo que me había pasado en los últimos dos días. Le expliqué todos los detalles sobre la visión, Cristal, el mundo mágico, la misión de unir Cielo y Tierra, el trayecto y mi experiencia con el Sabio. No le dije nada de la carta para no darle demasiada información de golpe. Sabía que él no estaba tan abierto como yo. Su mente era mucho más rígida y a veces el escepticismo le jugaba malas pasadas.

—Eres una soñadora, Iris. ¿Crees que es posible crear un puente para unir el Cielo y la Tierra? Esto son fantasías. Aquí lo que se necesita es trabajar duro para ganar dinero y salir de esta crisis. Déjate de puentes y tonterías. Hay que luchar para seguir adelante.

—Max, que tú no veas el puente no significa que no exista —le respondí.

—Sí, sí, tú siempre con esa imaginación. A ver cómo sobreviviremos. Cada día, las cosas están peor. Yo para creerlo, tengo que verlo.

—Lo más bello es invisible a tus ojos, Max. Abre tu mente a lo desconocido y mantente atento —le insistí—. Y no se trata de sobrevivir sino de vivir —añadí.

—¿Confiar en lo desconocido? ¿Mantenerme atento? ¿Estás loca? Con todos mis problemas y lo que cuesta encontrar la seguridad hoy en día. No tengo tiempo para cosas inútiles. Voy corriendo todo el día apagando fuegos.

—Aquí está la clave. Deja de correr. Párate y no hagas nada —le invité.

—¿Que no haga nada? Ja, ja, ja —se rio con arrogancia.

—Cambia primero tu forma de ser antes de actuar —le respondí.

—¿A qué te refieres?

—El orden para crear resultados distintos es: primero, ser; segundo, hacer, y tercero, recibir. Si no cambias tú y sigues actuando igual, tus resultados serán los mismos.

—¿Y qué tengo que cambiar entonces? —preguntó.

—Haz un viaje interior.

—¿Un qué...? ¿De qué me estás hablando?

—Es un entrenamiento en el que cambias tu percepción de la realidad. Se trata de cambiar el paradigma que rige tu vida. Primero cambias tú, y luego, las cosas que ves, cambian.

—¿Y esto también te lo ha dicho ese Ángel de la Tierra? —me preguntó burlándose.

—Ya sabía que no tenía que contártelo.

—No, no es eso. Pero compréndeme, Iris. Es que me sales con unas ideas...

—Bueno, lo dejamos aquí.

Así acabó nuestra conversación sobre el nuevo paradigma de la Consciencia de Unidad. Acabamos de comer y nos despedimos. Decidí volver al despacho caminando.

Iba reflexionando...

Max no me escucha realmente. Cuando yo le hablo, él sigue con sus pensamientos. No sale de la prisión mental en la que vive. Le da miedo plantearse otro modo de ser y

56

de actuar. Él lucha por mantenerse en su zona de comodidad. Se resiste al cambio que le trae la vida.

—Cristal diría que Max es un creador inconsciente —pensaba.

Me acordaba de todo lo que me había contado Cristal de su mundo sutil. Soñaba con vivir en él. Qué diferente que es este mundo de la ilusión.

Aquí las personalidades luchan, compiten, controlan, reaccionan automáticamente y se sienten separados de los demás. Todos se preocupan, traman el futuro, son impacientes y ambiciosos, se comparan, juzgan, critican, sufren y viven en el miedo. Cristal les llamaría la comunidad de los «Yo infantiles».

Y de repente, de una divina luz blanca, apareció Cristal. Con su cara de ternura y los ojos brillantes, me preguntó:

—¿Y quién eres tú para juzgar lo que está bien o mal?

—¿Eh...?

—Eso, que ¿quién eres tú para juzgar a los demás?

—Es verdad —me dije—. No hay nada ni nadie mejor o peor. Cada uno sigue su propio camino.

—Todo forma parte del Plan Divino...

Y desapareció. Empezaba a acostumbrarme a sus apariciones inesperadas. Siempre se manifestaba en el momento oportuno. Seguí caminando mientras reflexionaba, sobre todo aquello. Miré la luz del sol fijamente y volví a sentirme acompañada por una presencia.

—Somos Luz —dijo una voz.

En aquel momento recordé el inicio de mi relación con Max y me reí.

Max y yo nos conocimos en un evento de *networking*

hacía dos años y medio. En el último momento, el organizador decidió hacer un sorteo de mi primer libro y le tocó a Max. Todo fueron casualidades; yo estuve a punto de no ir y al final cambié de opinión, a él le pasó lo mismo. Y que ganara él entre un grupo de más de cien personas, fue un regalo. Recuerdo que cuando vio el libro, su cara palideció. Dijo que se lo leería, aunque percibí claramente que no le interesaba en absoluto. Hablamos unos minutos por cortesía y enseguida nos despedimos.

Sin saber muy bien el porqué, Max empezó a leer el libro al día siguiente. Me llamó al cabo de una semana para cenar. Desde aquel día estamos juntos.

—Todo sucede cuando menos lo esperas —pensé.

Carta a los Reyes Magos

Miércoles, 5 de enero

Ese era uno de mis días preferidos del año. Aunque ya era adulta, cada año continuaba escribiendo mi carta a los Reyes Magos.

Sabía que era muy importante tener fe. Mi fe no era religiosa sino que creía en una fuerza superior que fluía a través de mí. Para creerlo, no necesitaba la evidencia empírica, ya que lo sentía. En mi corazón, sabía que escribir aquella carta me ayudaba.

Durante el año la iba consultando para no olvidar mis deseos. Aquel año tenía algo muy importante para pedir. Mi carta decía:

Queridos Reyes Magos:

Gracias por la SALUD, PROSPERIDAD y AMOR con que me llenáis a mí y a mis seres queridos en cada momento.

Gracias por todo lo vivido el año anterior. Ha sido un año maravilloso con infinidad de experiencias y viajes que me han permi-

tido crecer y disfrutar de regalos inesperados. Siento que cada día mejoro más en todos los aspectos de mi vida.

Este año os quiero pedir algo muy específico. Gracias por hacer de este año el mejor de mi vida. Gracias por brindarme la PAZ INTERIOR para mí y para el mundo.

Gracias por liberarme del control de mi mente condicionada y sintonizarme con quien soy realmente. Gracias por ayudarme a fluir con la vida estando en armonía y siendo un Instrumento del Universo. Gracias por ayudarme a experimentar la verdadera LIBERTAD (una vida sin miedos).

Me he dado cuenta de que lo más importante en la vida es disfrutar del camino. Aprender de todas las experiencias que me vienen. Da igual lo que haga; lo que importa es quién soy yo al hacerlo; es decir, cómo lo haga. Alcanzar objetivos determinados como ganar dinero, tener éxito, comprar cosas, viajar, etc., está bien, pero lo fundamental es DISFRUTAR cada día sintiéndome bien. Así puedo ayudar a los demás.

Por eso, me comprometo a cruzar el puente que une el Cielo con la Tierra. Por fin, he decidido rendirme totalmente a la vida y dejar que suceda lo que tenga que suceder.

Con todo mi Amor Incondicional,

Firmado,

IRIS

P.S. Gracias también por ayudar a Max a ser la paz que tanto anhela.

Acabé de escribir la carta y la puse dentro de un sobre de color violeta. Me sentía feliz por aquel compromiso que había adquirido conmigo misma. Coloqué la carta en un lugar visible de la cocina donde podría verla cada mañana.

Aquella noche fuimos a ver la cabalgata de los Reyes Magos. Todas aquellas carrozas decoradas, la música, el ambiente alegre lleno de niños soñando, me recordaban a mi infancia. Qué precioso era todo aquello. Cuantas ilusiones juntas en un día tan especial.

—Qué fácil sería cambiar el mundo con la luz de todos esos corazones infantiles —pensé.

Antes de irnos, Max me dio su regalo:

—¿Qué es? —le pregunté.

—Ábrelo.

Era muy pesado, y por la forma y tamaño, no tenía ni idea de lo que podía ser. Lo abrí con la misma inocencia como cuando desenvolvía los regalos de pequeña. Era una inmensa drusa de amatista; mi piedra favorita.

—Max, te has pasado. Me encantaaaaa.

—Sabía que te gustaría.

—Es preciosa. El mejor regalo que podías hacerme.

—Toma, y esto es el otro.

—¿Otro regalo? Qué bien. Yo también tengo dos para ti, sonreí. —En aquel momento, realmente me sentía como una niña—. La ilusión nunca se pierde —pensé.

Abrí el otro paquete y era un libro espiritual (otro de mis regalos favoritos), un *ticket* para un masaje Ayúrveda y un poema escrito por Max.

Leí el poema y me emocioné. En el poema decía que no faltaba nada en el mundo estando yo en su vida... Lo abracé fuertemente diciéndole al oído que lo quería.

Después le di mis regalos. Uno de ellos era un ejemplar de mi querido sabio, el *I Ching,* con una dedicatoria que ponía:

Max, deseo que este libro te ayude tanto como me ha ayudado a mí. Ahora es el momento de invitarlo a tu vida.
Con todo mi amor incondicional,
Iris.

También le regalé una inscripción a un curso de Chi-Kung (que Max había pedido) y una cena romántica a su restaurante preferido.

Aquella noche volví a casa con la ilusión de empezar mi viaje interior al día siguiente.

1.ª etapa:
Apertura del puente

(Puerta al Cielo)

Somos Cielo (yo espiritual)

Jueves, 6 de enero

Ocho de la mañana. Me desperté muy feliz con la satisfacción de haber escrito la preciada carta a los Reyes Magos el día anterior. Me sentía liberada y una nueva energía fluía por todo mi cuerpo.

—Año nuevo, vida nueva —decía mi voz interior.

Sabía que mi auténtico regalo de Reyes era el inicio de mi viaje interior. Aquel día empezaba la 1.ª etapa de Apertura.

Hacía un día soleado y se veía poca gente en la calle. Llamé a Max y espontáneamente, sin pensar, le pregunté si le apetecía pasar el fin de semana en la naturaleza. Conocíamos una casa rural en un pueblecito del Empordà que nos encantaba. Tenía ganas de desconectar de la ciudad y disfrutar del silencio del campo.

—¿Estás segura que tendrán alguna habitación libre? —preguntó Max.

—Claro que sí. Me lo dice mi intuición.

—Genial. Te paso a recoger en media hora, ¿te va bien?

—Perfecto. Hasta ahora.

A menudo, conducía hasta allí y me perdía por aquellos bosques verdes y prados solitarios. Siempre me inspiraba con nuevas ideas. Había varias masías típicas catalanas, algunas reformadas, otras antiguas, y solo me encontraba con algunos ciclistas en el recorrido. La sensación era de estar perdida en el fin del mundo. Aquello me hechizaba.

El paisaje era pura belleza; parecía el paraíso.

Llegamos hacia las diez cuando el sol brillaba con fuerza. Aparcamos el coche y entramos en la casa. Pedimos una habitación doble para el fin de semana. Qué casualidad: solo les quedaba una libre. En silencio, di las gracias al universo por aquello.

Me sentía rebosante de energía. El silencio y el aire fresco que allí se respiraba me nutrían de una manera especial. Decidimos ir a caminar un rato.

—Max, párate un momento y siente el aire que te acaricia la piel con suavidad.

—¿Eh...?

—Camina con su ayuda dejándote llevar por él. Abre tus brazos e imagina que tienes alas. Mira: así. —Me puse a correr con los brazos extendidos como si fuera un pájaro. Y Max hizo lo mismo—. ¿Cómo te sientes?

—Ridículo —dijo.

—Respira ese aire. Llénate de él.

—Sí, sí, ya lo hago.

—¿Te sientes libre, ahora?

—Bueno, tanto como libre...

—El aire, no lo ves con los ojos pero lo notas en tu cuerpo, ¿verdad?

—Sí, claro.

—Exacto. Está en todos los lugares. A veces te toca con dulzura, otras con más fuerza e ímpetu. Aunque no seas consciente, él siempre te acompaña.

—Esto que te acompaña es un decir —comentó Max.

—Así es tu yo espiritual.

—¿Mi yo espiritual? Ya empezamos —refunfuñó.

—Como el aire que vuela libremente en el cielo. Es pura LIBERTAD.

Seguimos caminando. Max no dijo nada más. Me miró con aquella expresión típica de él como si yo fuera un marciano de otro planeta. Yo me sentía pletórica. Gozaba del sol caliente en mi cara y de aquella luz tan potente. Había muchos pájaros que nos acompañaban en el recorrido.

—Mira cómo disfrutan los pájaros volando libremente con la ayuda del aire. Parece que estén jugando todo el tiempo.

—Tú eres uno de ellos, Iris.

—Ja, ja, ja. Ya me gustaría a mí —comenté.

—Lo eres. No te das cuenta.

—¿Has visto como vuelan sincronizados en manada? Están seguros de su camino. No necesitan a ningún líder que les guíe.

—Es verdad. En eso no se parecen a los humanos.

—¿Crees que no es posible vivir sincronizados como ellos?

—Me parece una utopía.

—Los humanos somos libres como los pájaros.

—No estoy tan de acuerdo, Iris. No todo el mundo es como tú.

—Es nuestra esencia, Max. Somos aire. Al igual que los pájaros, tampoco puedes poner el aire en una jaula. No tiene límites. Es infinito. Como tú.

—¿Cómo yo?

—Claro. Como todos los seres humanos.

Llegamos a un pequeño río donde se escuchaba el sonido del agua fluir entre las piedras. Decidimos sentarnos allí a descansar. Llevábamos más de una hora y media caminando.

De repente, Max me abrazó sin decir una palabra.

—Qué fácil es ser feliz —pensé.

Nos quedamos un rato en silencio contemplando el paisaje. En el cielo se dibujaban unas nubes blancas que se unían a la cima de las montañas nevadas de los Pirineos.

—Qué perfección —volví a pensar. Y después de unos segundos de absoluta comunión con el entorno, dije, al final—: ¿Has visto cuántas flores existen en la naturaleza?

—Sí. Es increíble la diversidad de formas, colores, olores, alturas, anchuras, espesores —contestó Max.

—Igual que las personas. Somos parte de la naturaleza.

—Es verdad.

—La naturaleza es abundante.

—¿A qué te refieres?

—Pues que al igual que florecen infinidad de flores distintas, existen infinidad de recursos y opciones para nosotros.

—Bueno, es una manera de mirarlo.

—Somos un milagro de la naturaleza. La mente es quien nos pone en una prisión, en una *caja* pequeña.

—¿En una *caja* pequeña?

—Sí. Nuestra mente se limita a lo que cree que es real

y posible. Nos acotamos viviendo en nuestra zona de comodidad. Allí afuera, existe un mundo de infinitas oportunidades.

—¿Y cómo lo sabes tú?

—No lo sé. Solo sé que somos aire. Y al aire le gusta meterse en todos los rincones, acariciar todas las flores, explorar nuevos territorios, expandirse, volar con grandes alas.

—¿Me estás diciendo que existen opciones que mi mente no contempla?

—Claro. Tu mente se limita a lo que tú conoces. Somos animales de costumbre y nos conformamos con lo conocido. Pero la vida real empieza fuera de la zona de comodidad. Los sueños están allí afuera.

—Sí, ya comprendo a qué te refieres. La percepción de los sentidos es limitada. Esto no es ningún secreto. ¿Pero cómo se hace para salir de la *caja* y ver nuevas opciones?

—Esto es lo que voy a explorar en la 1.ª etapa de mi viaje interior.

—¿De tu qué...? No me digas que te vas de viaje otra vez.

—No, no —me reí—. Olvídalo, son cosas mías.

Max siempre se quejaba de que yo viajaba mucho. A él no le gustaba viajar. Él prefería quedarse en casa tranquilamente. Yo era más aventurera. Me encantaba descubrir nuevos lugares.

—Bueno, pues ya me contarás cuando lo descubras.

—Claro —sonreí.

Max tenía un buen día y aquello para mí ya era motivo de celebración. Muchas veces me sorprendía su reacción. Tenía un enfoque tan opuesto al mío que me permitía ver la otra cara de la moneda. Eso era algo que me gustaba mucho de él. Aunque nos enfadábamos a menudo, crecíamos juntos.

Nos quedamos allí contemplando aquella belleza hasta la hora de comer. Volvimos al coche y de allí fuimos a un restaurante que había allí cerca, en los aledaños. Disfrutamos de una comida casera de lo más sabrosa junto con una buena botella de vino tinto de La Rioja.

Al volver a la casa rural, vimos un inmenso arco iris con una diversidad de tonalidades celestes que nos llenó el alma.

En aquel momento, tuve la certeza de que aquella era la señal de mi inicio de viaje. Empezaba la aventura de cambiar el paradigma que había regido mi vida hasta aquel momento.

Actitud inocente y alerta

Lunes, 10 de enero

El mejor día de la semana y uno de los mejores números, junto con el 11. Cinco en punto. Como cada mañana, mirándome fijamente al espejo, en voz alta pronuncié mi mantra favorito:

—Confía y disfruta de este día como si fuera el último. Te quiero, Iris.

A continuación, me senté cómodamente a mi escritorio con el primer café del día y el escenario habitual. Estaba preparada con una mente vacía y atenta para recibir los inesperados «¡Ajá!» matutinos. Impulsivamente, escribí:

Mi intención para esta semana es aprender a salir de mi caja o zona de comodidad. Mi sueño máximo para hoy es saber cómo hacerlo. El sueño mínimo es continuar siendo una espectadora neutral.

Desde que terminé un programa de liderazgo internacional el año pasado, me estaba entrenando con mucha disciplina en estar presente en cada momento. Ser consciente de lo que pensaba, decía y hacía me motivaba de forma extraordinaria. Aquello me permitía expandir la percepción de mi realidad. Cada día era más capaz de actuar con conciencia creando un espacio entre los estímulos del exterior y mi acción.

De repente, la figura del ángel dorado se iluminó y, de una divina luz blanca, apareció Cristal.

—Buenos días, preciosa.

—¡Ah! Qué sorpresa. Buenos días, Cristal. Cuántos días sin verte. Ya te echaba de menos. ¿Cómo es que no has aparecido estos últimos días?

—No me lo has pedido.

—¿Yo? Si nunca te pido nada.

—Eso es lo que tú crees —dijo riéndose.

—Bueno, bueno. Estoy investigando cómo salir de la *caja* en la que vivo. Quiero ver nuevas opciones en mi vida. Sueño con ser libre de verdad.

—Lo sé —dijo con ternura.

—Claro. Olvidaba que tienes telepatía.

—Igual que tú.

—¿Yo? Bueno no sé. Aún no tengo las respuestas claras.

—¿Quieres que te ayude?

—¡Por supuesto!

—Estás en la primera etapa de tu viaje interior para cruzar el puente que une el Cielo con la Tierra.

—Lo sé. El Sabio me lo escribió la semana pasada. Se llama Apertura, ¿verdad?

—Exacto.

—¿Y en qué consiste esta fase?

—En tener una ACTITUD INOCENTE Y ALERTA.

—¿Inocente?

—Sí. Es como volver a ser la niña que un día fuiste. ¿Te acuerdas cuando lo preguntabas todo a tus padres?

—Claro. Era muy curiosa de pequeña.

—De eso se trata; de recuperar aquella curiosidad inocente.

—Sí, pero con los años la he perdido. La vida me ha hecho protegerme con una máscara. A veces, siento como si llevara una armadura en todo mi cuerpo. ¿Cómo lo hago ahora para volver a ser inocente?

Me sentía muy entusiasmada por iniciar mi viaje interior. La 1.ª fase de Apertura había empezado. Quería comprenderlo todo a la perfección para después contárselo a Max. Todo aquello le interesaría mucho. Siempre se quejaba de que no podía cambiar de trabajo. Pensé que aquello le ayudaría.

Cristal prosiguió...

—¿Te has planteado alguna vez quién eres tú para saber cuál es la mejor opción en este momento de tu camino?

—¿Quién soy yo? ¿Qué clase de pregunta es esta? Pues soy Iris, ya lo sabes.

—A eso me refiero. Tú como Iris tienes una mente condicionada por la educación, la sociedad, la familia, los patrones inconscientes, la herencia genética, etc. Si te guías por esa mente, tus opciones son limitadas.

—Pero, y entonces... ¿cómo me guío?

—Por lo que sientas en cada momento (no por lo que piensas que «tendrías que» o «deberías»).

—¿Te refieres a mi intuición?

—Sí, tu intuición y tus emociones. Haz siempre lo que te haga sentir bien.

—Ya. Pero no siempre puedo hacerlo. Tengo mis obligaciones.

—Olvídate de obligaciones. Deja el futuro al poder supremo.

—¿Al poder supremo?

—Sí. No trames ni anticipes, no fantasees, no premeditas, no manipules ni hagas suposiciones. Déjate guiar por lo desconocido.

—¿Por lo desconocido?

—Es tan simple como esto: cuando suceda algo en tu vida que no te guste, acéptalo.

—¿Que lo acepte?

—Sí. No hagas caso a las quejas de tu mente. Sal de tu *caja* limitada racional y piensa que está llegando una opción mejor que aún no ves.

—¿Y si no llega?

—No llegará mientras te resistas.

—No sé si te entiendo.

—Te pondré un ejemplo. Dime algo que haya pasado recientemente en tu vida que no te haya gustado.

—¡Ah! Esto es fácil. Continuamente, la vida me trae adversidades. Se me ocurre una situación que ha sucedido recientemente. Por ejemplo, había firmado un contrato con una empresa para hacer tres cursos de formación el mes que viene y, justo al empezar el año, los han anulado.

—¿Qué es lo que no te gusta de esta situación?

—Obvio. Pues que se hayan cancelado. Yo contaba con tener estos ingresos adicionales.

—¿Y cómo sabes que no te está llegando algo incluso mejor?

—Bueno, tal y como está el sector, lo dudo.

—¿Y si tuvieras que dedicar ese tiempo a otra cosa?

—¿A otra cosa? ¿A qué te refieres?

—¿Y si fuera un mensaje del universo diciéndote que te enfocaras a otra actividad?

—¿A qué?

—¿Qué es lo que más te apasiona?

—Escribir.

—¿Y si tuvieras que dedicar ese tiempo a escribir?

—Bueno, sí, pero también necesito ingresos para vivir.

—¿Y si los ingresos llegaran escribiendo o por otras vías inesperadas?

—¿Eh...? Eso sería maravilloso.

—¿Qué te hace creer que no es posible?

—Mi mente.

—¿Y si confiaras con el poder supremo o universo?

—¿Te refieres al Sabio?

—Me refiero a ti dejando fluir la Fuente a través de ti.

—Eso sería estupendo.

—¿Y qué te lo impide?

—Mi mente otra vez.

—¿Te das cuenta que solo es tu mente quien te limita?

—Sí, claro. ¿Pero cómo se cambia esto?

—Con una ACTITUD INOCENTE Y ALERTA.

—¿Otra vez la actitud?

—Tú elijes, Iris.

—¿Qué es lo que elijo?

—Elijes en todo momento a quién hacerle caso: a tu mente o a tu corazón.

—Sí, ya, pero da miedo confiar en lo desconocido.

—Este miedo es el único obstáculo para salir de tu *caja*.

—¿Y si confío y sale todo mal? —le pregunté.

—¿Quién está hablando ahora?

—Mi mente... ¿Y si me equivoco?

—¿Otra vez tu mente? Ja, ja, ja.

—Bueno, entonces, ¿cómo me libero de los condicionamientos de mi mente?

—Este es tu viaje interior.

Y así desapareció. Me quedé pensativa con aquella pregunta en el aire. Reflexionando sobre esa conversación me di cuenta de que Cristal me había estado haciendo preguntas que empezaban por «¿Y si...?». Claro, esta era la manera de abrir mi mente para poder salir de mi zona de comodidad. Así expandía la percepción de mis opciones.

—Todas las respuestas están dentro de mí —me dije.

1. Alégrate de no-saber

Martes, 11 de enero

Como siempre, las cinco de la mañana. Aquel sería un día muy especial. Lo intuí claramente la noche anterior. Como cada mes, el 11 sería un día fascinante. La numerología no se equivocaba. Sentía una especial conexión con aquel número.

Eran las seis y once cuando recibí la visita inesperada del Sabio. Una vez más, mi mano empezó a escribir a toda velocidad:

—*Alégrate de no-saber.*

—¿Cómooo...? Me da miedo la incertidumbre. Huyo de ella.

Pensaba, por ejemplo, en el tema que le había comentado a Cristal el día anterior. Mi mente prefería saber qué ingresos fijos tendría cada mes. Se resistía a no saberlo.

Y el Sabio continuó...

—*Mantén una pantalla mental vacía. Se trata de ser puro de corazón e inocente. La inocencia es la falta de premeditación. Ser inocente implica tener una mente desestructurada.*

—¿Una mente desestructurada? ¿A qué se referirá? —me preguntaba.

Y el Sabio prosiguió...

—*Para desestructurar tu mente, practica el decir: «No lo sé». No necesitas tener la razón ni defender tu punto de vista. Así te limitas. Abre tu mente. Recuerda siempre tu dependencia con el poder supremo. Tu mente solo percibe una parte diminuta de toda la totalidad. No te puedes fiar de ella.*

—¿Y qué hago entonces?

—*No pretendas ponerte en el lugar de Dios.*

¿Qué? No podía creer que mi mano hubiera escrito aquello. ¿En el lugar de Dios? Yo no me ponía en su lugar.

La mano se paró. La escritura automática dejó de fluir. El silencio se hizo penetrante. Aquello había entrado directamente en mi corazón. Sentí una puñalada sutil dentro de mí. Recapacité...

Era verdad que mi mente rígida tramaba el futuro, interfería y manipulaba acontecimientos forzando el progreso. Continuamente estaba asumiendo lo que pasaría, tenía expectativas y quería saber cómo y cuándo sucedería. Por ejemplo, con el libro que estaba escribiendo; quería controlar el progreso y cuanto más forzaba, menos avanzaba.

El Sabio tenía razón: me ponía en el lugar de Dios, sin darme cuenta.

De repente, volvió la inspiración divina:

—*Observa cómo te alimentas de fantasías, preocupaciones y sentimientos de enajenación, que constituyen una vasija llena de gusanos. Las ideas nos afectan de la misma manera que la comida y la bebida.*

—¿Una vasija llena de gusanos? —Eso me hizo reír—. Qué metáfora —pensé. Me imaginé mi estómago lleno de gusanos—. ¡Dios! Qué asco.

—*Preocuparse es ocuparse de algo que aún no ha pasado.*

—Nunca lo había pensado así. —Era cierto que mi mente se preocupaba constantemente. Cuando no me daba cuenta, ya estaba otra vez poniendo su energía en el futuro. Y al final, siempre salía todo bien—. Qué pérdida de tiempo —me decía.

El Sabio siguió...

—¿Para qué anticipar problemas¿ ¿Para qué hacer suposiciones¿ ¿Para qué hacer caso a una mente que no ve la totalidad¿

—Para nada —respondí con contundencia. Otra vez ese tipo de preguntas poderosas—. No es casualidad que tanto Cristal como el Sabio utilicen este tipo de preguntas —reflexioné.

—No mires muy lejos porque vas a construir demasiadas ilusiones y fantasías.

Así se acabó aquella visita sorprendente del Sabio. Había comprendido que la 1.ª etapa de Apertura del cambio de paradigma, consistía en preguntarme: «¿Y si...¿», y en practicar el: «No lo sé», sin ponerme en el lugar de Dios.

A partir de ahora, mi actitud sería inocente, alerta y me alegraría de no-saber.

—Empiezo una nueva vida —me dije a mí misma—. Una vida sin miedo al futuro.

2. Libérate de la impaciencia, fantasías y proyecciones

Miércoles, 12 de enero

Soñaba con sentirme libre como un pájaro. El deseo de liberarme de la rigidez de mi mente era tan grande que estaba dispuesta a hacer lo que hiciera falta.

—Soy aire —me repetía.

Recordaba la imagen reciente con Max el fin de semana pasado en la naturaleza, con los brazos extendidos simulando que volaba. Qué sensación más mágica.

Mi yo espiritual es libre y mi corazón me pide volar.

Con aquella imagen en mi mente, reflexionaba...

La naturaleza trabaja lentamente. Un día se plantan las semillas, luego la lluvia las riega, crecen con el tiempo, y en el momento oportuno, florecen los frutos.

De repente, el Sabio escribió:

—*Permite que el tiempo y el espacio sean los vehículos del progreso. El tiempo no es esencial, el tiempo es la esencia.*

—Es verdad —me dije—. Forzar los cambios con impaciencia, solo genera el efecto opuesto.

Aquello lo tenía muy claro. Era exactamente lo que me pasaba con mi libro. Cuanto más forzaba para avanzar, menos escribía.

—*Ser impaciente significa que todavía no te has adaptado a tu destino. La impaciencia es signo de desconfianza.*

—Lo sé. Pero me cuesta controlarla.

—*El progreso y el cambio son necesariamente lentos. Es importante aceptar el tiempo requerido para alcanzar tus sueños.*

—También lo sé. A veces, lo olvido.

—*Tu mayor desafío es esperar en una actitud correcta. Y esa espera parece interminable. La paciencia, constancia y perseve-*

rancia son la llave que necesitas para estar en armonía con el Cosmos.

De pronto, me vino a la mente una idea que había leído en algún libro que decía: «La disciplina implica ser discípulo de uno mismo».

Me encantaba aquella definición. Me ayudaba a ser constante en mi entrenamiento mental de liberarme de condicionamientos mentales.

Aquel mismo día, cuando llegué a casa por la noche, escribí con determinación:

Hoy me LIBERO de la impaciencia y de todas las fantasías, proyecciones y preocupaciones de mi mente. Dejo de anticipar, tramar el futuro, manipular los acontecimientos y limitar mis opciones. Me abro al no-saber con una mente abierta, vacía e inocente. Presto atención a todos los acontecimientos de mi vida cotidiana con curiosidad. Soy aire que vuela libremente en el CIELO.

Justo al acabar de escribirlo, apareció Cristal.

—Hola, Iris, ¿cómo lo llevas?

—No lo sé —contesté con una mirada pícara.

—Ja, ja, ja. Qué rápida que eres aprendiendo.

—La verdad es que me estoy divirtiendo con todo esto, Cristal.

—¡Qué bien! Ya sabes que lo más importante es disfrutar del camino.

—Exacto. Lo tengo clarísimo. Me lo tomo como un juego.

—Me alegro mucho.

—Me he dado cuenta de que soy un aprendiz.

—Ja, ja, ja. Y lo serás eternamente. Bienvenida a mi mundo sutil.

—Gracias. También veo que soy capaz de observar mi mente sin hacerle caso.

—¡*Chapeau*!

—¿Tú también hablas francés?

—*Mais oui, ma petite chérie.*

Cristal siempre estaba bromeando. Tenía mucho sentido del humor. Ella nunca se preocupaba por nada. Fluía con la vida.

—¿Por qué tenemos estos hábitos mentales? —le pregunté.

—Acuérdate que de pequeña en la escuela te decían que tenías que saber las respuestas. No podías decir: «No lo sé».

—Es verdad.

—Te enseñaron que lo correcto era saber.

—Ya. Pero es increíble cómo mi mente se va siempre al futuro. Le encanta anticipar, planear, decirme lo que debería ser o hacer, se preocupa continuamente. Es una programación automática que se activa a una velocidad de vértigo.

—Dame un ejemplo concreto.

—Por ejemplo, en relación a mi futuro profesional. Aún no me acostumbro a no tener un salario fijo al final de cada mes. El no-saber qué sucederá me causa una incomodidad espantosa.

—Es normal. El querer controlar, la búsqueda de la seguridad, el huir de la incertidumbre, el miedo a lo desconocido, etc., forma parte inherente de tu mecanismo de supervivencia heredado de los antepasados.

—¿Te refieres a que son patrones inconscientes?

—Exacto.

—¿Y cómo me libero de ellos?

—Tal y como lo estás haciendo. Reprogramando tu mente con un entrenamiento constante y perseverante.

—¿Y cuánto tiempo voy a necesitar?

—Con tu ritmo, en menos de un mes lo consigues —aseguró.

—¿En un mes voy a ser libre?

—Ja, ja, ja. No hace falta que corras tanto. Estás solo en la 1.ª etapa de tu viaje para cruzar el puente. Aún te quedan tres más.

Y así se desvaneció como hacía habitualmente.

—Qué ganas de contarle a Max todo aquello —pensé.

3. Sal de la *caja* (zona de confort)

En el mismo instante que tenía aquel pensamiento, Max me llamó.

—Qué increíble. Quizás sí que existe la telepatía —pensé, mientras respondía al teléfono—: Hola, Max, ¿qué tal?

—Muy mal —contestó.

—¿Qué te pasa?

—No puedo más. He tenido una fuerte discusión con la dirección del hotel. Sus valores no son éticos. Están imponiendo unas medidas desmesuradas. Me siento fuera de lugar, allí.

—Te comprendo muy bien.

—Es que no soporto que solo se enfoquen en ganar dinero. No les importa nada el servicio al cliente ni el personal del hotel. Tienen una mentalidad materialista y egoísta. Compiten ferozmente con otros hoteles cuando podríamos estar creando acuerdos de colaboración.

—¿Y esto lo has propuesto?

—Claro, Iris. Pero no me hacen ni caso. Yo necesito otro trabajo que me permita contribuir de alguna manera a la sociedad. Tengo muy buenas ideas. Estoy harto del mismo discurso de siempre.

—¿Cuál sería tu trabajo ideal?

—¿Ideal? Lo tengo clarísimo. Sería un trabajo en el que yo fuera mi propio jefe. Tendría colaboradores que los trataría de igual a igual sin explotarlos. Crearía una cultura de servicio al cliente aportando un valor real a la sociedad. En fin, lo haría todo diferente de cómo es ahora.

—Pues hazlo. ¿Qué te hace continuar en este trabajo?

—Primero, el sueldo. Necesito el dinero para pagar la hipoteca cada mes. Y segundo, es lo que he estado haciendo toda mi vida. Mis padres invirtieron mucho dinero en mí pagando mi educación en escuelas internacionales. No puedo decepcionarles ahora. Y además, ¿qué otra cosa podría hacer?

—Seguro que hay muchas opciones. ¿Qué es lo que más te llena?

—Me gusta ayudar a la gente y sentir que contribuyo a transformar la sociedad. Me considero un rebelde en el fondo.

—Y dime, Max, ¿Qué es lo más importante para ti?

—Ser feliz, por supuesto.

—¿Y cuáles son tus valores?

—La libertad, la honestidad, la autenticidad, el liderazgo, la creatividad, la familia, el servicio a los demás.

—Del uno al diez, ¿a qué nivel estás honrando estos valores en este puesto de trabajo?

—Un cuatro como máximo.

—¿Y cómo sería tener un trabajo en el que honraras tus valores a un diez?

—Sería fantástico. Entonces sería feliz.

—¿Y si esta discusión es un mensaje para ti?

—¿Un mensaje? ¿A qué te refieres?

—¿Y si el universo te está señalando tu camino fuera del hotel?

—¿Fuera del hotel? Bueno, no sé adónde.

—¿Y si aparece una nueva oportunidad en tu vida?

—Esto sería un milagro.

—¿Y si los milagros existieran?

—Sería genial. Me liberaría de mi *caja*.

—¿Y si te dijera que cuando aceptes tu situación presente, aparecerá ese milagro?

—¿Cómo voy a aceptarla? Es inmoral.

—Max, envía amor a la dirección del hotel.

—¿Te has vuelto chiflada? Si les odio, Iris.

—¿Quieres salir de tu *caja*?

—Claro que quiero. Ya te lo dije el otro día.

—Pues no te resistas a la situación presente. Así estás impidiendo que aparezcan nuevas oportunidades para ti. Abre tu mente.

—¿Estás segura?

—Pruébalo. ¿Qué tienes que perder?

—Nada. Peor de lo que están ahora las cosas, no creo que puedan estar.

—Sé inocente y mantente alerta.

—¿Qué sea inocente? No te entiendo, Iris.

—Confía en mí. Tú presta atención a todo lo que ocurra en tu vida al más mínimo detalle, conversaciones que tengas, comentarios que te hagan, cosas insignificantes e insólitas, libros o artículos que leas, etcétera. Todo, Max. Observa con una mente abierta.

—¿Eh...¿

—¿Y si...¿

—Sí, sí. Lo he comprendido. Se trata de expandir mi percepción con preguntas del tipo: ¿Y si...¿

—Exacto.

—Bueno, reflexionaré sobre ello. Ahora te dejo que quiero ir a correr un rato. A ver si me aclaro un poco.

—OK. Buenas noches, Max.

—Buenas noches, preciosa.

Me quedé muy sorprendida con aquello.

—Qué increíble que Max quiera salir de su *caja* y yo esté en la fase de Apertura de mi viaje interior —pensé—. Volamos sincronizados como los pájaros.

Y con esta idea, me fui a dormir.

4. Las *sincronicidades* mágicas

Viernes, 14 de enero

Me pasé toda aquella semana practicando la Apertura de mi puente con mucha constancia.

Cuando me preguntaban algo acerca de lo que haría o sucedería en el tiempo, contestaba que no lo sabía. Cuando mi mente se iba al futuro, dejaba de hacerle caso. Potenciaba mi curiosidad al máximo siendo inocente sin protegerme. Escuchaba a los demás activamente para comprender cómo veían ellos la realidad. Dejé de necesitar defender mi punto de vista. Empecé a leer la biografía de un par de personas que admiraba.

Cuando surgía alguna preocupación, volvía a la actitud de confianza. El Sabio estaba muy presente en mi vida. Ya no me ponía en el lugar de Dios.

Cada mañana continuaba con mi ritual matutino y ahora escribía afirmaciones de liberación. Así empezaban:

Hoy me LIBERO del control de la impaciencia, de fantasías, proyecciones, suposiciones, preocupaciones y anticipaciones.

Todo aquello constituía un entrenamiento muy potente. Poco a poco, iba notando cómo mi mente se abría y la realidad se expandía. Empezaba a ver opciones que antes no existían para mí.

Aquella mañana, cuando estaba haciendo repaso de toda la semana, el Sabio escribió:

—Aceptamos que lo improbable y lo imposible puede suceder y sucede. Le entregamos el asunto al Cosmos. Cuanto más descansados, contentos de ser guiados ciegamente, dejando al poder de la verdad actuar como le parezca, más grande es este.

En aquel momento, llamaron a la puerta.
—Qué raro —pensé—. Es muy pronto. ¿Quién será?
Era Max.
—Irisssss, no te lo vas a creer —gritaba desde abajo.

—¿Qué?

—Tenías razón. Ha sucedido un milagro —dijo eufórico.

—¿Un milagro? Sube, sube.

Al llegar arriba, me cogió en sus brazos y me levantó a lo alto.

—¡La vida es maravillosa! —exclamaba.

—Bueno, cuéntame.

—No te lo vas a creer.

—Cuéntame, que estoy muy curiosa.

—Ayer me llamó mi antiguo jefe del otro hotel. Hacía más de tres años que no hablábamos ni sabía nada de él.

—¿Y...? ¿Te ha ofrecido un trabajo allí?

—No, no. Él ya no está en el hotel.

—¿Ah, no?

—No.

—¿Entonces qué quería?

—Acaba de abrir una casa rural a un pueblecito aquí cerca y quiere que yo la gestione.

—¿Cómo?

—Es increíble, Iris. Resulta que ya tenía a otra persona y justo hace un par de días se echó atrás. Entonces habló con mi actual jefe para consultarle si conocía a alguien. Y mi jefe me recomendó. No puedo creérmelo.

—¿Le mandaste amor como te dije?

—Sí, claro. Lo hice, pero nunca pensé que pasaría una cosa así.

—Mi actual jefe le dijo que yo era ideal para ese puesto ya que encajaba mucho más en un ambiente menos competitivo y creativo. Le contó nuestra última discusión en relación a los distintos valores que teníamos y a mi inquietud por contribuir en el cambio social.

—¡Qué *sincronicidad*!

—Ni que lo digas. Esto demuestra la importancia de ser siempre auténtico y honesto.

—Está claro. Y también el tener una mente abierta y una ACTITUD INOCENTE Y ALERTA.

—Es verdad.

—¿Y a qué nivel honrarás a tus valores en este nuevo trabajo?

—¿Mis valores? Bueno, al menos a un ocho o nueve. Resulta que en el hotel quieren organizar actividades enfocadas al crecimiento personal y espiritual. Y quieren que yo lo organice todo.

—Felicidades, Max. No sabes cuánto me alegro.

—Gracias. Estoy tan feliz... Esto es un sueño para mí. El pasado fin de semana cuando estuvimos en aquella casa rural, me imaginaba que era mía y soñaba con tener una, algún día.

—¿Ves como visualizar sintiendo con el corazón tiene resultados?

—Bueno, más o menos.

—¿Te das cuenta de que existen nuevas opciones?

—Esto pasa una vez cada mil —contestó.

—Ja, ja, ja. El escepticismo que no muera.

—Te invito esta noche a cenar al mejor restaurante de la ciudad. Esto hay que celebrarlo por todo lo alto. Ponte guapa.

—Genial. Me pondré el vestido negro de tirantes.

—Perfecto. Y después nos iremos a bailar.

—¿A bailar?

—Claro. Hay que disfrutar de la vida, Iris.

—Ja, ja, ja. OK. Perfecto. Hasta luego.

—*Ciao, bella* —dijo.

Max estaba pletórico. Hacía tiempo que no le veía tan optimista. Finalmente, después de todos aquellos años sufriendo en el hotel, conseguía salir de su *caja*. Su sueño lo había venido a buscar. Él, como yo, también empezaba una nueva vida. Una vida sin límites.

RESUMEN
1.ª ETAPA DEL VIAJE INTERIOR

Apertura del puente
(Puerta al Cielo)

– Somos Cielo (yo espiritual)
– Actitud inocente y alerta:

1. Alégrate de no-saber
2. Libérate de la impaciencia, fantasías y proyecciones
3. Sal de la *caja* (zona de confort)
4. Las *sincronicidades* mágicas

2.ª etapa:
Purificación del puente

(Quemar condicionamientos)

Somos Fuego (yo mental)

Me desperté en casa de Max. Él aún estaba durmiendo. La noche anterior nos acostamos tarde. Salimos de fiesta con un grupo de amigos y estuvimos bailando hasta que cerraron el local. Miré el reloj: las once y once.

—Qué casualidad —pensé —. Esto significará alguna cosa.

Me duché con agua bien caliente y me puse un vestido cómodo. Qué bienestar. Qué fácil que es sentirse bien cuando la mente está descansada y libre de preocupaciones. Como cada mañana, pronuncié mi mantra matutino mirándome en el espejo y di las gracias por un nuevo día.

Aquella mañana tenía la sensación de que había roto algunas de las cadenas que me encarcelaban.

Había tenido una semana muy intensa con la 1.ª etapa de mi viaje interior. Me había entrenado a consciencia con una actitud inocente y alerta. A la mínima ocasión utilizaba preguntas del tipo «¿Y si...?» y practicaba continuamente el decir «No lo sé». Aquello era un gran desafío ya que me despistaba fácilmente, mi mente volvía a los viejos hábitos. Sin embargo, notaba cómo iba progresando poco a poco y esto me motivaba a seguir perseverando. Ser capaz de expandir la percepción de mi realidad con nuevas opciones era un gran logro.

—¿Cómo será la 2.ª etapa? —me preguntaba.

Mi gran sueño de experimentar la verdadera libertad seguía presente. Me imaginaba viviendo en un estado permanente de paz interior, disfrutando de cada día como si fuera el último. Me veía contribuyendo en la sociedad ayudando a las personas a sentir aquella paz. Aquella visión tan clara me daba la energía para seguir entrenándome con constancia.

Preparé un café con la expreso de Max y me senté en la butaca que tenía cerca de la biblioteca. A él no le gustaban tanto los libros como a mí pero tenía algunos que me interesaban. Cogí uno sin mirar cuál era guiándome por la intuición y, en la primera página, decía:

Enciende una vela y observa la llama como se mueve sutilmente. Déjate hipnotizar por la luz que emite. Vacía tu mente y concéntrate solo en la llama. Nota como desprende calor y te aporta claridad.

El fuego tiene el poder de purificar, quema todo lo innecesario y hace brillar lo más puro.

Ahora respira profundamente. Siente la llama de tu interior. ¿La sientes?

Tu llama te pide CRECIMIENTO y EXPANSIÓN. No quiere apagarse. Necesita que la mantengas encendida a diario. Cuesta encenderla, pero cuando lo está, no se apaga fácilmente. Hay que darle fuego continuamente.

En aquel momento, apareció Max con cara de resaca y una sonrisa en los labios.

—Buenos días, preciosa.

—¡Hola! ¿Qué tal amaneciste hoy?

—¿Que como amanecí? ¿Qué tipo de expresión es esta? —preguntó riéndose. Sabía que la utilizaban mis amigos de Centroamérica.

—Ja, ja, ja.

—Creo que bebí demasiados gin-tonics la noche anterior.

—Ni que lo digas. Te subiste a bailar encima de la barra como un gigoló.

—Ja, ja, ja. Fue divertido.

—Sí, me reí con ganas.

—¿Ya estás leyendo otra vez? A ver si al final me pondré celoso de los libros.

—Solo lo estaba hojeando mientras me tomaba el café. ¿Quieres que te cuente de qué habla?

—No, no, gracias —dijo riéndose—. Voy a ducharme y nos vamos a comer por el centro, ¿te parece?

—Perfecto.

Seguí leyendo mientras Max se preparaba para salir. Y el libro continuaba...

Eres una chispa de Luz. Tú, como el fuego, puedes hacer brillar la llama de tu interior. Esto es lo que necesitas para alcanzar tus sueños. Utiliza el fuego para quemar los condicionamientos y purificarte.

—¿Purificarme? —En aquel momento recordé que la 2.ª etapa del viaje interior era la Purificación. Así me lo había dicho el Sabio—. ¿Tendrá relación con esto que estoy leyendo? Qué asombroso.

Entonces repasé en mi mente los pequeños detalles de aquella mañana: el reloj a las once y once, mi curiosidad sobre la 2.ª etapa, el bienestar que sentí después de la ducha y el guiarme por la intuición al coger el libro. Todo aquello eran pistas que me guiaban en mi viaje interior. Recordaba que Cristal me había hablado de ayudas y *sincronicidades*, pero también me habló de obstáculos y enemigos.

—Estaré atenta a todo —me prometí.

Ser consciente de aquellas señales del universo, me alegró el día.

—Voy mejorando —pensé.

Hacía un día soleado más típico de primavera que de invierno. El frío casi no se notaba comparado con los inviernos que había vivido en Bélgica. Era ya casi la hora de comer cuando salimos del apartamento de Max.

Decidimos ir a un acogedor restaurante de comida mediterránea en el centro de la ciudad. Íbamos a menudo ya que el propietario nos hacía sentir como en casa. Caminamos por el centro histórico observando algunos turistas tomando fotos de los edificios más emblemáticos.

Por las calles, se respiraba un ambiente alegre, típico después de las fiestas de Navidad. La diversidad de culturas le daba un toque interesante a la atmósfera. Paseamos por Las Ramblas contemplando los distintos artistas mostrando sus obras.

—Me encanta Barcelona —dijo Max.

—Sí, a mí también.

—Qué día más fantástico. Los días como hoy siento una fuerza que me quema por dentro. Hoy me atrevería a hacer lo que fuera.

—Ja, ja, ja. Será que has encendido tu llama interior.

—¿Mi qué...?

—Nada, nada. Me he acordado del libro de tu casa.

Entramos al restaurante y, como de costumbre, nos habían reservado nuestra mesa preferida. Era una que estaba situada justo al lado del fuego donde hacían la carne a la brasa. Tanto a Max como a mí nos encantaba sentir el calor de las brasas. Él siempre decía que cuando viviéramos en una masía del Empordà, tendríamos un fuego como aquel. Yo, aquello, lo veía muy lejos.

Pedimos los platos habituales y esperamos mientras tomábamos una copa de vino tinto.

—¿Y cómo va tu libro, Iris? —preguntó con interés.

—Bueno, va —contesté.

—No pareces muy entusiasmada.

—Es que tengo una lucha con mi mente.

—¿Qué quieres decir?

—No consigo quemar a mi «yo infantil» —dije sin saber muy bien de dónde venía aquella frase. Nunca antes había utilizado una expresión parecida.

—¿Tu «yo infantil»?

—Mis dudas, miedos, inseguridad, ambición, esfuerzo inquieto...

—Bueno, es normal que dudes.

—Ya. Pero sé que puedo liberarme del control de mi naturaleza inferior.

Me quedé asombrada de mi respuesta. Aquella conversación fluía de una manera especial. Hablaba sin saber muy bien de dónde procedían todas aquellas ideas.

—¿De qué estás hablando?

—Todos tenemos una naturaleza superior y una inferior. La inferior es el «yo infantil» que nos impide alcanzar los sueños.

—Sí. Es una forma de verlo —dijo Max.

—Y la naturaleza superior es mi «yo adulto», sin condicionamientos mentales.

—Te sigo.

—Cuando estoy en manos de mi «yo infantil» tengo la perspectiva del miedo y las dudas.

—¿Y cuando no?

—Cuando la perspectiva es la de mi «yo adulto», el libro fluye sin esfuerzo.

—Entonces se trata de estar en manos de tu «yo adulto» —dijo Max.

—Sí, claro. Pero no lo consigo tan fácilmente.

Nos quedamos en silencio unos segundos, reflexionando sobre todo aquello... Entonces comprendí el párrafo que había leído en casa de Max.

—Somos fuego, Max.

—¿Qué...?

—El fuego nos da claridad.

—¿El fuego?

—Sí. La llama de nuestro interior.

—Bueno, sí. ¿Te refieres a los sueños?

—Exacto.

De repente, me vino a la mente una idea del *I Ching*: «La claridad, como el fuego, solo puede perdurar si se adhiere a algo que no se consuma fácilmente».

—¡Ajá! Ahora lo comprendo: los sueños son los que nos permiten quemar al «yo infantil». Los sueños nunca nos abandonan, perduran.

—¿Cómo...¿

—Fíjate en una cosa, Max. Todos tus sueños, en el fondo, son miedos inconscientes. Si algo no te da miedo, es que no es un sueño de tu corazón. En el proceso de hacer realidad tus sueños, vas quemando esos miedos. Así te transformas en otra persona. Creces, te expandes. Y esto te llena.

—Ponme un ejemplo.

—Por ejemplo, yo con el libro. Tengo miedo a las críticas y dudo. Al hacer realidad el sueño de escribirlo, quemo ese miedo. Me libero. Y eso es lo que más deseo: liberarme del control de mi «yo infantil».

—Sí. Pero, ¿y cómo se hace esto¿

—Esta es la 2.ª etapa de mi viaje interior. Ya te lo contaré cuando lo haya descubierto.

—Genial.

¡Claro! Ahora comprendía lo que había leído en aquel libro sobre CRECIMIENTO y EXPANSIÓN. Mi «yo mental» quiere crecer y expansionarse continuamente; salir de la *caja* o zona de comodidad. Por eso, sirven los sueños; para quemar al «yo infantil» y así hacer brillar al «yo adulto». Por ejemplo, en el tema del libro. Es más importante el proceso de escribirlo en el que me voy transformando yo misma que el resultado en sí. Cuando lo haya acabado, habré purificado mi mente de dudas y miedos. Y esto sucede con cualquier sueño. Teniendo muy clara la finalidad, me libero de la impaciencia y de las dudas.

—¡Ajá! El miedo no es otra cosa que la evidencia de

que estoy saliendo de mi zona de comodidad. En realidad, es muy buena señal. Me está diciendo que estoy creciendo. Cómo cambia todo cuando cambio la manera de ver mi realidad —reflexioné.

Salimos del restaurante y al pasar enfrente de un cine, decidimos ir de forma espontánea. Entramos a la primera película que empezaba en aquel momento sin saber muy bien cuál era. La historia era la de un joven que hacía realidad su sueño de crear una gran multinacional empezando de la nada.

Otra *sincronicidad*.

—Esto debe ser cosa de Cristal —pensaba—. Ahora comprendo qué significa convertirse en un guerrero pacífico. Se trata de luchar con uno mismo venciendo el miedo y las dudas que todos tenemos. Cristal me había dicho que eso era lo que sería antes de convertirme en el mago de mi vida.

Salí del cine sintiendo un fuego interior. Aquella película había avivado mi llama.

—Qué fácil es sentirse inspirado por los logros de los demás —concluí.

Me fui a casa pensando en todos los personajes de la historia que más admiraba. Si ellos habían hecho realidad sus sueños, también podía yo. Ya tenía ganas de empezar el siguiente día y la 2.ª etapa de mi viaje interior.

Actitud adulta y brillante

Lunes, 17 de enero

Me desperté sin alarma como de costumbre. Di las gracias por un nuevo día y miré el reloj: cinco de la mañana. Como cada lunes, me levanté entusiasmada por empezar una nueva semana. Intuía que aquella semana de enero sería muy sugestiva. Sentía una gran curiosidad por explorar la Purificación del puente que unía el Cielo con la Tierra.

Me duché rápidamente y me vestí. Pronuncié mi mantra preferido, preparé el café y me senté al escritorio. Puse las dos velas, el ángel dorado en el medio, el incienso, la lámpara de sal, la fuente del Buda y la música celestial. Estaba todo preparado para el gran momento del día.

—Tengo que aprender a quemar al «yo infantil».

—¿Tienes que qué...?

—¡Ah! Hola, Cristal, qué sorpresa.

—No «tienes que» hacer nada.

—¿Noooo?

—No. Ni «tienes que», ni «debes de». Cámbialo por

103

«voy a», o para ser más creativa di: «Gracias por ayudarme a quemar...».

—¡Ah! Es verdad. Tu varita mágica.

—Exacto.

—La había olvidado.

—Lo sé. Por eso tu «yo infantil» sigue controlándote.

—Entonces, ¿todo depende de mis palabras conscientes? —pregunté.

—Bueno, este es el primer paso para la Purificación de tu mente.

—Integridad y hablar con cautela —dije acordándome de su carta.

—¡*Brava, bella*!

—¿Y en qué más consiste esta 2.ª etapa de mi viaje interior?

—En la concentración mental. Se trata de enfocar tu mente hacia tus sueños. No los pierdas de vista. Pon toda tu atención a ellos. No permitas que las distracciones del exterior te desconcentren en tu camino.

—Pero esto es muy complicado.

—No lo es, Iris. Es puro entrenamiento mental.

—Ya, pero es muy fácil distraerse.

—Bueno, este es el desafío en esta etapa.

—Cuéntame más.

—Consiste en tener una ACTITUD ADULTA y BRILLANTE. Es decir, una actitud desapegada, sin miedos. Todo apego es miedo.

—Cómo me gustaría a mí vivir sin miedos. Esto es un sueño.

—Es muy fácil, Iris.

—¿Muy fácil?, ja, ja, ja. No me hagas reír.

—Se trata de cambiar la perspectiva.

—¿A qué te refieres?

—El miedo es solo UNA perspectiva mental. Puedes cambiarla.

—Sí. Pero ¿cómo?

—Con la perspectiva del «yo adulto»: la confianza. Tú eliges tu perspectiva de tu realidad en todo momento.

—Esto no es tan fácil como parece. ¿Te refieres a confiar en el Sabio invisible?

—En ti misma, Iris. En hacer brillar a tu «yo adulto».

—¿Y este cuál es?

—El «real», que es ilimitado con un potencial infinito.

—Ya. Pero a veces dudo de mí misma.

—La que duda no eres tú.

—¿Que no soy yo? ¿Entonces quién es?

—Es una imagen que tienes de ti misma basada en un recuerdo del pasado. Es solo una voz.

—Pero yo me siento identificada con esta voz.

—Lo sé. Por eso, sufres. Tienes apego a esa imagen de ti misma. Esa es tu personalidad condicionada.

—Me estás confundiendo, Cristal.

—Es todo un juego de la mente. Date cuenta de la «prisión» en la que vives. Todo depende de con quién te identifiques. Si te identificas con tu «yo infantil», estás perdida en el mundo de la ilusión (del miedo). Si cambias tu perspectiva al «yo adulto», entonces confías y fluyes.

—¿Pero quién soy yo realmente? —pregunté.

—Dímelo tú.

Me quedé pensativa durante unos minutos y cuando me di cuenta, Cristal ya no estaba.

Todo aquello me estaba costando mucho de comprender. Mi mente se resistía. Había captado la importancia de la integridad y la palabra consciente: hacer siempre lo que decía y decir siempre lo que pensaba. Pero el tema del «yo adulto» y el «yo infantil» no me quedaba del todo claro.

—¿Es que existe una separación en mi interior? —me preguntaba.

Era verdad que a veces, me sentía muy segura de mí misma, confiada, poderosa, valiente, etc., y en cambio, en otras ocasiones era más insegura, dudaba, tenía miedo, era cobarde, etc. En esas, me enfadaba conmigo misma. No me gustaba sentirme de aquella manera.

Mi intuición me decía que esos dos polos opuestos se complementaban a la perfección, y que para ser, uno necesitaba al otro y viceversa.

—¡Ajá! La separación en mi interior es la dualidad de la mente. Cuando sea capaz de integrar las voces de mi interior, no habrá espacio para el miedo.

Cogí mi cuaderno y con la intención muy clara, escribí:

¿Cómo lo hago para ser mi «yo adulto» en todo momento?

De repente, por arte de magia apareció el Sabio. Impulsivamente, mi mano empezó a escribir de forma automática sin parar:

—Cuando te sientas mal, pregúntate: ¿Estoy enfadada? ¿Frustrada? ¿Impaciente? ¿Siento miedo? ¿Dudo de mí? ¿Estoy fantaseando? ¿Tramo el futuro? ¿Me enfoco en lo que han hecho mal los demás? ¿Me he tomado algo personalmente? ¿Estoy haciendo suposiciones? ¿Fuerzo el progreso? ¿Estoy anticipando lo

que va a suceder? ¿Me domina el orgullo y la vanidad? ¿Necesito el reconocimiento de alguien? ¿Me siento sola?, etc... Cuando la respuesta de alguna de estas preguntas sea afirmativa, sabrás que estás en manos de tu «yo infantil».

—Gracias. Esto me servirá para identificar en qué perspectiva estoy. ¿Y qué hago en estos casos?

—*Eliminar los miedos y las dudas equivale a limpiar el óxido y otras impurezas que impiden la unión de las partes.*

—¿La unión de las partes?

—*Todos tenemos distintas voces en nuestro interior. Jugamos a diversos roles en la vida. A veces, eres hija, otras amiga, compañera, hermana, etc. La niña que un día fuiste también sigue igual de viva en tu interior y pide tu amor.*

—¿Qué niña?

—*Es lo que tú llamas tu «yo infantil».*

—¿Te refieres a los miedos, dudas, impaciencia, esfuerzo inquieto, ambición, etcétera?

—*Exacto. Son todos condicionamientos de tu mente. Son recuerdos del pasado.*

—¿Y qué se supone que «tengo que» hacer para purificarme?

—*Nada.*

—¿Nada? Bueno, ¿y qué «voy» a hacer?

—*Hazte amiga de todas las voces dentro de ti. No rechaces a ninguna. Todas las voces tienen su razón de ser. Algunas de ellas, te protegen. Dile a la niña de tu interior que la amas. Es importante unificarlas para evitar el conflicto. Cada una reclama tu atención y amor.*

—¿Cómo voy a hacerme amiga de la voz del miedo?

—*No huyas. Escúchala sin identificarte con ella.*

—¿Mmm...?

—*Puedes confiar en que el poder de la verdad prevalecerá. Le entregas todo al Cosmos y te atiendes solamente a disipar la duda.*

—O sea: vuelvo a la perspectiva de mi «yo adulto».

—*Exacto.*

—¿Cómo lo hago?

—*Acepta todo de ti. Ámate sin condiciones.*

—Entonces, si lo entiendo bien, cuando me amo y confío, el miedo desaparece.

—*Claro. El amor y el miedo no pueden coexistir.*

Aquello me iluminó. Tuve una revelación que me facilitaría mucho el camino.

—¡Ajá! El fuego de mi interior no es nada más que el amor. En realidad, soy fuego; soy amor. Y esta es la perspectiva que me permite alcanzar mis sueños.

Así acabó mi conversación con el Sabio.

En resumen, comprendí que la 2.ª etapa de mi viaje interior denominada «Purificación» consistía en hacer brillar a mi «yo adulto» cambiando de perspectiva.

Esto implicaba identificar cuándo estaba en manos de mi «yo infantil» y recordar que soy fuego (amor). Me quedó claro que mi «yo infantil» eran los condicionamientos del pasado y que el miedo es solo UNA perspectiva. Mi «yo adulto» era quien confiaba y fluía con el universo.

A partir de aquel momento, decidí que cuando dudara significaba que estaba en manos de mi «yo infantil» y que era mejor esperar y no actuar. Solo actuaría cuando estuviera en manos de mi «yo adulto».

1. Olvídate del *cómo* y confía

Martes, 18 de enero

Cinco de la mañana. Di las gracias por un nuevo día. Me duché y pronuncié el mantra de cada día:

—Confía y disfruta de este día como si fuera el último. Te quiero, Iris.

Después de todos los preparativos habituales de mi ritual matutino, disfrutando de mi primer café de la mañana, reflexioné sobre la Purificación de mi mente. Me daba cuenta de que mi viaje interior me exigía dar lo mejor de mí misma en cada momento. El desafío de aquella 2.ª etapa era más grande que el de la 1.ª.

—¡Ajá! En cada etapa voy creciendo y estoy más preparada para la siguiente. Esto es realmente como una maratón —me decía riéndome.

Mi mente quería ir por libre. A la mínima que me despistaba, volvían aquellas voces del miedo, que yo llamaba «saboteadores» o «diablillos», que me comían. Empezaba a identificarlas. Insistían en repetirme lo siguiente:

—No serás capaz. Esto es imposible. ¿Quién te crees que eres tú? Te estás equivocando. ¿Crees que te lo mereces? No puedes hacerlo. ¿Cómo saldrás adelante? ¿Cómo sabes que es posible? ¿Cómo vas a conseguirlo? —me preguntaban con impaciencia—. ¿Cómooooo?

—Olvídate del *cómo*, Iris.

Apareció Cristal de la nada como de costumbre con su sonrisa en el rostro.

—¿Que me olvide del *cómo*?

—Claro. Enfócate en hacer brillar a tu «yo adulto» y el universo te irá guiando en el camino. No es necesario que tú sepas *cómo* van a suceder las cosas. No pierdas de vista tus sueños.

—Ya, pero esto no es tan fácil.

—Acuérdate de eliminar las distracciones de tu vida. Y con eso me refiero a no rodearte de personas negativas, no leer las malas noticias diarias de la prensa ni ver la televisión, no influenciarte por la atmósfera de la crisis y el escepticismo, etcétera.

—Pero esto es muy radical, ¿no?

—Bueno, tú decides.

—¿Así que mi trabajo es quemar los miedos, dudas y enfocarme en mis sueños?

—Exacto. Y acuérdate también de la 1.ª etapa de tu viaje: mantén una actitud inocente y alerta.

—Pero las dudas me dominan, Cristal.

—Cuando dudas de ti misma o de que las cosas pueden funcionar, realmente estás dudando del poder creador del Cosmos, ¿no te das cuenta?

—Sí, pero sigo dudando.

—Es normal. Es un condicionamiento de tu mente. No es nada más que un hábito mental.

—¿Te refieres a que las dudas no son reales?

—Claro que no. El miedo o las dudas son el único obstáculo para alcanzar el éxito.

—¿Así que estos son los enemigos del trayecto, eh?

—*This is my girl* —dijo Cristal a carcajadas.

—¿Y por qué me lo dices en inglés?

—Para quitarle seriedad al tema. Te lo estás tomando muy a pecho sin darte cuenta. Diviértete.

—Tienes razón. Ahora comprendo que el miedo surge de no saber el *cómo*.

—Así es.

—Claro. Y si me olvido del *cómo*, el miedo pierde su poder.

—¡*Et voilà*! Muchas personas no se atreven a perseguir sus sueños porque no saben el *cómo* hacerlo y así se limitan.

—Correcto. Porque el *cómo* nos lo va indicando el universo paso a paso. Con una ACTITUD INOCENTE,

ALERTA, ADULTA y BRILLANTE, quemando el miedo y las dudas, nos sintonizamos con la esencia y encontramos el camino.

—Uiii, no corras tanto, ja, ja, ja. Aún te quedan dos etapas más en tu cambio de paradigma.

—Me apasiona todo esto, Cristal.

—Lo sé. Te estás convirtiendo en un Ángel de la Tierra o creadora consciente.

—Sí. Me estoy convirtiendo en el maestro de mi destino.

—*Of* course.

—¿Y sabes qué?

—¿Qué?

—Sí, que estoy disfrutando mucho de este viaje interior. Empiezo a ver la vida de otra manera. Cada día, me siento más liberada.

—Me alegro, Iris. De esto se trata.

Aquello me había puesto de muy buen humor. Si yo no debía saber el *cómo*, entonces todo era mucho más fácil. Claro, no estoy sola en todo esto. El Sabio siempre me acompaña.

—Estoy viviendo el mejor año de mi vida —me repetía.

2. Libérate de obligaciones y roles innecesarios

Eran las siete de la tarde. Salí de mi clase de danza del vientre sintiéndome muy enérgica y vital. Aquellas clases me iban muy bien para equilibrar mi energía masculina y femenina. Iba caminando alegremente por la calle, cuando, de repente, me encontré a Blanca.

—Hola, linda, ¡qué casualidad! —dije sorprendida.

—Hola, guapa. Pues sí. Mira que esta mañana pensaba en ti.

—¿Ah, sí? ¿Y qué pensabas?

—¿Te apetece tomar un té?

—Claro, vamos.

Blanca es una de mis hermanas del alma, como yo denomino a las personas de plena confianza. Es una persona muy comprometida con el crecimiento personal, con la que he compartido conversaciones muy interesantes. Nos conocimos en una conferencia de *coaching* hará poco más de un año y enseguida conectamos.

Entramos a una cafetería y pedimos un té verde cada una. Entonces me comentó:

—Iris, me he dado cuenta de que tengo un problema.

—¿Uno solo? Tú siempre tienes problemas. No es nada nuevo, esto —dije riéndome.

—Estoy hablando muy en serio. Lo que me pasa es que no sé decir «no». Siempre acabo haciendo lo que los demás me piden. Parezco la salvadora de todo el mundo —se quejó.

—¿La salvadora? Esta sí que es buena. Pero si tú no te salvas ni a ti misma.

—No te rías, Iris. Soy tan buena que los demás siempre están por delante de mis necesidades. Me desvivo por ellos. Y lo mejor de todo es que no estoy segura de que lo valoren.

—¿Y estás segura de que realmente lo haces por ellos? —le pregunté.

—Claro. Estoy siempre pendiente de todos. Me preocupo, les soluciono problemas, les llamo a menudo, les escucho, hago lo que me piden, etcétera.

—Entonces ¿cuál es el problema?

—¿El problema? Pues que no tengo tiempo para mí ni para mis cosas. Siento un peso en la espalda. A veces, pienso que me gustaría irme bien lejos, en el extranjero, para no tener que estar pendiente de todos.

—¿Y por qué no te vas? ¿Quién te obliga a preocuparte y estar pendiente de los demás?

—¿Obligarme? Iris, ya lo sabes, nadie me obliga, pero tengo que hacerlo. No soy una persona egoísta y les quiero —contestó.

—¿Qué te hace pensar que «tienes que hacerlo»?

—Bueno esto es sentido común. Ya sabes, es como nos han educado: no seas egoísta, piensa primero en los demás; sé bueno y obediente; haz lo que te pidan.

—Blanca, cada persona es responsable de su propia vida. Si tú no estás bien contigo misma, poca cosa podrás hacer por los demás. Adoptando un rol de salvadora o protectora, haces que otros sean víctimas.

—¿Cómo...?

—¿Qué te hace creer que los demás necesitan tu protección?

—Esta sí que es buena. No te entiendo, Iris. Me sales con unas, a veces... —comentó enfadada.

—Blanca, ¿cómo sería plantearte esta cuestión sin tener la obligación?

—Sería genial. Me quitaría un peso de encima.

—¿Qué cambiaría si te amaras realmente?

—¿Quééé? Ya me amo, yo —contestó enfurecida.

—Entonces ¿cuál es el motivo que te hace decir «sí» a los demás y «no» a ti?

—Bueno, supongo que es porque siempre lo he hecho así.

—Que siempre lo hayas hecho no significa que tengas que continuar haciéndolo, ¿no?

—Supongo que no.

—¿Te preocupa la impresión que causas a los demás?

—Claro. A todo el mundo le preocupa esto.

—A mí no. Me da igual lo que piensen de mí.

—¿En serio?

—Bueno, cuando estoy en manos de mi «yo adulto» es así. En otras ocasiones, me confundo y mi «yo infantil» me domina, entonces tengo miedo a las críticas y juicios.

—¿Tu «yo infantil»?

—Nada, nada, cosas mías.

—En fin... ya me lo contarás cuando quieras.

En aquel momento, me vino a la mente Sarah, mi amiga de Londres. Con ella podía compartirlo todo. Tuve un segundo de melancolía y, de repente, le pregunté a Blanca:

—Por cierto, ¿me prestas tu coche este fin de semana?

—¡No! Ni hablar —respondió con contundencia.

—Ja, ja, ja. Vas mejorando —me reí—. No veo que tengas ningún problema en decir «no».

—Gracias, Iris, tú siempre tan positiva.

Aquella conversación con Blanca me hizo reflexionar. A menudo, reaccionamos de manera repetitiva por hábito.

—¿Para qué hacer cosas que en realidad no sentimos?

La vida no son obligaciones. Una cosa es el compromiso y la otra es obligarnos a hacer algo por el simple condicionamiento de la mente. Cristal me diría que nadie me pide hacer cosas que no me hagan sentir bien. La vida es puro gozo.

Aquella noche escribí en mi cuaderno:

Hoy me LIBERO del control de los miedos, dudas, inseguridades, obligaciones, juicios, críticas y roles innecesarios. Trasciendo todo esto. Sé quién soy y confío en mí. Soy perfecta tal y como soy. Amo todo de mí. Me responsabilizo de mi vida. Soy FUEGO que hace brillar mi llama interior.

Me fui a dormir feliz recordando las aventuras vividas con Sarah.

—¿Qué será de su vida? —me preguntaba.

Hacía mucho tiempo que habíamos perdido el contacto.

3. Cambia de perspectiva

Miércoles, 19 de enero

—Confía y disfruta de este día como si fuera el último. Te quiero, Iris.

Las cinco. Como cada mañana, había dado las gracias por un nuevo día y, después de ducharme y vestirme con ropa cómoda, había pronunciado mi mantra preferido.

Aquella semana estaba siendo tan intensa como la anterior o incluso más. Llegué a la conclusión de que la 2.ª etapa de Purificación consistía en entrenar mi mente a cambiar de perspectiva.

Cada vez que tenía miedo o dudaba sabía que estaba en manos de mi «yo infantil». Entonces, me paraba; dejaba de actuar hasta que había cambiado mi perspectiva al «yo adulto». Identificar todas aquellas voces sin hacerles caso, aceptándolas sin resistencia, era la clave de mi entrenamiento.

Aquella mañana me sentía muy satisfecha con mi progreso. Poco a poco, el fuego de mi interior iba quemando todas las dudas y me sentía más confiada. Sin embargo, aún me faltaba claridad mental para ser libre de verdad.

De repente, mi mano empezó a escribir de forma automática. Sabía que se trataba de una visita del Sabio:

—*Cuando tus pensamientos están enredados con tus emociones es momento de aquietarte. El objetivo de mantenerse quieto es el de calmar esta frenética y reconcentrada actividad mental.*

—Es verdad. A veces mi mente va a mil.

—*Mientras el «yo infantil» domine tu espacio mental, es imposible alcanzar la claridad.*

Pasé todo el día calmando mi mente. Respiraba conscientemente y me mantenía presente prestando atención a lo que pensaba y hacía en cada momento.

Por la tarde, me sentía cansada y necesitaba hacer una pausa. Todo aquello estaba siendo muy intenso. Reflexioné unos minutos para saber qué me haría sentir bien. Me apetecía salir a cenar fuera. Probar nuevos restaurantes era una de mis pasiones. Así respiraría un poco de aire fresco y le daría tiempo a mi mente para procesar todo aquello. Llamé a Max.

—Hola, Max. ¿Qué tal estás?

—Bien. ¿Y tú?

—Genial. ¿Te apetece ir a cenar al tailandés aquel que vimos el otro día?

—¿Invitas tú? —dijo bromeando.

—Claro —contesté riendo.

—Perfecto. Nos vemos allí a las nueve. Por cierto, tengo que contarte una noticia.

—¿Ah, sí? ¿Y qué es? —pregunté sabiendo que no me lo diría.

—Tendrás que esperar a más tarde. Hasta luego.

—OK. Nos vemos allí.

Abrí el agua de la bañera para llenarla con sales minerales relajantes y darme un baño espumoso. Hacía muchos días que no lo hacía y mi cuerpo me lo pedía. Encendí un par de velas y puse música tranquila. Qué placer era aquello. Me relajé tanto que un poco más y me duermo. Mi mente se aquietó completamente. Se quedó vacía. Me vestí y cogí un taxi para ir al restaurante.

Cuando me dejó en la puerta, vi a Max llegando con su moto.

—Qué guapo que estaba —pensé.

Llevaba su nueva cazadora de cuero negro y unos *jeans* que le quedaban muy bien.

—Hola, preciosa —me dijo dándome un beso.

—¿Vamos?

—Sí. Entremos.

Entramos en el restaurante y nos acompañaron a una mesa en la parte de arriba. El local era muy acogedor, decorado al estilo oriental y con poca luz. Me gustó enseguida. La atmósfera era muy auténtica y se oía una música suave. Nos sentamos y, después de mirar la carta, pedimos los platos.

—Bueno, ¿y no me contarás la noticia? —le pregunté.

—Sabía que no podrías esperar. Eres una impaciente.

—¿Es buena o mala?

—Depende de cómo la mires —dijo.

—Aún estoy más curiosa.

—Lo sé —dijo riéndose.

—¿Y entonces?

—Bueno, te lo cuento. Mi nuevo jefe me ha llamado hoy y quiere que haga una presentación del proyecto de la casa rural el día de la inauguración.

—Esto es genial, Max. ¡Qué bien!

—Sí. Habrá más de cien personas y unos inversionistas extranjeros, con lo cual una parte la tengo que exponer en inglés.

—¡Perfecto!

—Bueno, no tanto. Por una parte, siento excitación, y por la otra, tengo miedo. Mi nivel de inglés no es el que era y hablar en público me da pánico, ya lo sabes.

—Lo harás genial, Max.

—Tienes que ayudarme. Esto me supera un poco. Siento la presión de que me la juego mucho.

—Tranquilízate, no te preocupes. ¿Quieres que probemos algo que estoy aprendiendo yo en mi viaje interior?

—Lo que sea, Iris, con tal de que me ayude.

—OK. Vamos a ver este tema de tu presentación explorando distintas perspectivas, ¿te parece?

—Perfecto.

—Dime, ¿cuál es tu perspectiva actual?

—Estoy nervioso, me siento pequeño, no sé cómo prepararme, lo veo una montaña, me sudan las manos solo de pensarlo, ya tengo ganas que haya pasado el día.

—¿Y qué más?

—Oigo esa voz interior que me dice que no seré capaz, que lo haré fatal, que se reirán de mí. Me gustaría huir lejos.

—Bien, entonces esta es tu perspectiva actual. ¿Cómo quieres llamarla?

—El agobio del miedo —contestó.

—OK. ¿Te parece si exploramos otra perspectiva?

—Sí, sí, por favor.

—Bien, ¿cómo sería la situación ideal?

—Lo ideal sería que yo me sintiera tranquilo, poderoso, con la confianza de que voy a hacerlo bien, seguro de mí mismo. Me encantaría disfrutar de esta experiencia.

—¡Genial! Veo cómo tu cuerpo se expande al sentir esta nueva óptica. Tus manos se mueven libremente y tienes la espalda más erguida. ¿Cómo quieres llamar a esta perspectiva?

—Me siento seguro.

—Perfecto. ¿Quieres que exploremos más perspectivas?

—Sí, sí, esto me está gustando —contestó.

—OK. ¿Cómo sería la perspectiva de ser un Instrumento del Universo?

Max se quedó en silencio unos segundos. Aquella pregunta le sorprendió. Creí que igual no había sido una buena propuesta. Pero al cabo de unos segundos, dijo:

—¿Un Instrumento del Universo? Ah, pues, supongo

que sería muy fácil. Fluiría con el universo. Solo necesitaría confiar plenamente en él. Sería como ponerme a su servicio para el bien de la audiencia.

—¡Ajá!

—Si yo en el fondo sé que estoy muy preparado para dar esta charla y tengo unas ideas muy buenas para este proyecto. Si en realidad, no van a juzgarme, están interesados en lo que yo pueda aportarles. Seguro que aprendo cosas nuevas de las preguntas que me hagan, bla, bla, bla...

Max se inspiró de tal manera que me dio todo un discurso. Hablaba y las palabras fluían con facilidad. Yo le escuchaba activamente y podía percibir su entusiasmo. Transmitía mucha pasión y se expresaba desde el corazón.

—Max, si hablas así, te aseguro que tu charla será un éxito. ¿Qué nombre le quieres poner a esta perspectiva?

—Ser un Instrumento del Universo.

—Perfecto. ¿Quieres que exploremos otras?

—No, no, esa me encanta. Me quedo con esa. La verdad es que ya me siento más aliviado. No entiendo cómo hice una montaña de todo esto. El miedo que tenía era porque me sentía solo y pequeño. Pero ahora sé que el universo me acompaña. En el fondo, es una nueva oportunidad para mí. Qué liberación.

—Estabas en manos de tu «yo infantil».

—Bueno yo diría que estaba en manos del miedo. No acostumbro a hablar en público y menos delante de una audiencia tan numerosa. Es una situación nueva para mí.

—Exacto. Estás saliendo de tu zona de confort y esto te hará más libre. Brillarás con luz propia.

—¿Qué...?

—Nada, nada, cosas mías —le contesté riéndome.

Tuvimos una velada maravillosa. Estuvimos hablando del viaje que haríamos en verano y, por fin, decidimos irnos a la India. Volaríamos a Bombay y desde allí nos trasladaríamos a un *ashram* de un pueblecito cercano para hacer un curso de meditación. Seguiríamos nuestro viaje hacia el norte, quedándonos unos días en Goa y luego visitaríamos el Taj Mahal en la ciudad de Agra. Acabaríamos el viaje en Delhi donde volaríamos de regreso. En total, estaríamos veintidós días.

Me alegró mucho ver que Max estaba abierto a explorar una aventura como aquella. Me sorprendió su actitud ya que yo hacía tiempo que quería realizar aquel viaje y a él no le motivaba para nada.

—¿Será esto cosa del Sabio? —me preguntaba.

Aquella noche me fui a dormir soñando con la India y recordando que el miedo es solo UNA perspectiva.

4. La perspectiva perfecta

Jueves, 20 de enero

Cinco de la mañana. Como de costumbre, me desperté sin alarma. Sabía que ese día sería interesante. Los días 20 de cada mes eran muy reveladores y me aportaban claridad.

El primer pensamiento del día fue el recuerdo de un sueño particular. Había visitado el mundo mágico de Cristal. Me encontré otra vez en aquel abismo encima de la montaña. Se veía un gran arco iris que unía el Cielo y la Tierra. En la comunidad de la Conciencia de la Unidad, todos estaban durmiendo. El silencio protegía aquel hermoso lugar.

Esta vez me atreví a avanzar un poco más en el recorrido a través del puente sin acabar de cruzarlo.

En el camino, sin esperarlo, me encontré con Cristal.

—Qué sorpresa, Iris. ¿Qué haces tú por aquí?

—No lo sé.

—¿Estarás soñando?

—¿Y si esto fuera real?

—Qué buena aprendiz que eres, ja, ja, ja.

—Soy muy curiosa e inocente.

—¿Ah, sí?

—Sí. Y mi mente está abierta y alerta.

—¿Algo más?

—Sí. He salido de mi *caja* y estoy uniendo el Cielo con la Tierra. A veces tengo miedo, pero sé que solo es UNA perspectiva.

—Qué interesante —dijo Cristal.

—Y confío en la vida, en el universo, en el Sabio. Estoy en manos de mi «yo adulto», en estos momentos.

—Qué alumna aplicada.

—No tengo obligaciones, solo el compromiso con mi alma. Y tampoco adopto roles de víctima o salvadora. Soy responsable de mi vida.

—Estoy impresionada.

—He unido todas las partes de mí y amo todo. Soy perfecta tal y como soy.

—Admirable.

—Me estoy convirtiendo en un Instrumento del Universo...

—¿No me digas?

—Sí. Dejo que suceda lo que tenga que suceder. Y me estoy planteando: ¿cómo sería elegir la perspectiva de que todo lo que sucede es perfecto y que además sucede en el momento oportuno?

—Dios, me he quedado sin trabajo —respondió Cristal riéndose a carcajadas.

—¿Qué?

—Estaba bromeando, Iris. Esta es la clave de la Purificación. Acabas de descubrir el secreto.

—Claro. Pase lo que pase, puedo cambiar de perspectiva y encontrar la perfección.

—Así es como lo hacemos nosotros, los creadores conscientes.

—Es que ahora lo veo muy fácil.

—Lo es. Te lo dije.

—Es solo cuestión de entrenar la mente y de sintonizarme con quien soy realmente.

—*¡Brava!*

—Además, cada situación me sirve para aprender algo nuevo.

—*Yes.* Cada día tu vida cotidiana te trae nuevas oportunidades para recordar quién eres tú realmente.

—Estamos aquí para experimentar quiénes somos, crecer, expandirnos, aprender a amarnos y sobre todo, para disfrutar.

—*Right.*

—Es todo como un juego.

—*Mais oui, ma chérie.*

—Pero, ¿y por qué la gente sufre tanto entonces?

—Porque se resisten a lo que son. Viven en una prisión mental haciendo caso a su mente condicionada.

—Se dejan dominar por el «yo infantil», como hacía yo antes.

—Exacto. Y no les gusta la incomodidad inicial que implica cualquier cambio.

—A nadie le gusta sentirse incómodo.

—Claro. Da miedo salir de la zona de confort. La mente se resiste. Muchas personas valoran la seguridad y estabilidad, aunque la vida es un cambio permanente.

—Y la realidad es que salir de la *caja* es lo más liberador que hay.

—Lo sé —respondió Cristal.

—Y el miedo es solo UNA de las posibles perspectivas. Somos fuego en el interior.

—Tú lo has dicho. Cuando elevas tu consciencia como estás haciendo tú, todo empieza a ser más fácil.

—Ahora entiendo el significado de la magia.

—Te estás convirtiendo en un mago muy rápidamente.

—Sí. Y no te puedes imaginar cuánto me llena.

—Me lo imagino, créeme. Es lo que más vale la pena en la vida. Experimentar el éxtasis de sintonizar con quien tú eres realmente.

—El éxtasis...

Me desperté de repente pronunciando esta palabra en voz alta. Qué sueño más impactante...

—¿Y si era realidad? —me preguntaba—. ¿Cuál es la diferencia entre lo real y lo soñado? ¿Cómo sé que aquello no era real?

Todas esas preguntas danzaban juntas en mi mente aquella mañana de jueves, 20 de enero, mientras cantaba y bailaba en la ducha.

El comienzo del día prometía mucho y escribí una petición en mi cuaderno:

Haz algo hoy que no tenga dudas de que procede de ti. Sorpréndeme.

Así empecé un día extraordinario.

Durante todo el día estuve recibiendo pequeñas señales del universo que me daban pistas en mi camino. Ver la vida como un teatro siendo la espectadora era más divertido de lo que creía.

—Qué inocentada, la vida —reflexionaba—. Nos lo tomamos todo tan en serio cuando en realidad es como un juego.

Efectivamente fue un día muy interesante. Empecé cantando y bailando en la ducha y acabé de la misma manera en el salón de mi casa.

—Días como este, me gustaría vivirlos eternamente —pensé.

Por la noche recibí un regalo totalmente inesperado. Estaba a punto de irme a la cama cuando sonó el móvil. Era un número desconocido. Estuve a punto de no contestar ya que era muy tarde, pero una voz dentro de mí insistió en que respondiera. Así lo hice:

—¿Sí?

—*Ciao, bellissima.*

—¿Eh...?

—¿Quién eres?

—¿Que ya no me reconoces la voz?

—¿Sarah? ¿Eres Sarah?

—La misma.

—No me lo puedo creer.

Salté de euforia. Me emocioné de una manera espectacular. Oír su voz después de tanto tiempo era un milagro. Sarah es una de mis mejores amigas del alma. Nos conocimos en Londres y aquel encuentro cambió mi vida por completo. Desde el primer momento, conectamos y nos hicimos inseparables. Podría escribir un libro con todas las experiencias que vivimos allí.

Ella me enseñó qué significa ser libre de verdad, entre otras muchas cosas.

Sarah es una aventurera de la vida, feliz como nadie. Ha viajado por todo el mundo y es la persona más carismática y magnética que jamás he conocido. La llevo dentro de mi corazón y la quiero sin condiciones.

—¡Qué sorpresa! ¡Sarah! Hace más de dos años que te perdí la pista. Después de que te fueras a la India, desapareciste. ¿Cómo estás?

—Muy bien. He vuelto. Me he casado con un indio. Estamos viviendo en Ibiza. Tienes que venir a visitarnos.

—¿Que qué...? ¿Te has casado con un indio?

—Estoy enamorada, Iris. Es un ángel. —Sarah estaba pletórica—. Vente, vente. Este fin de semana hacemos una fiesta en la playa. Hay luna llena.

—¿Este fin de semana? Bueno, mañana ya es viernes. No sé...

—Venga, Irissss. Anímate. No sé cuánto tiempo estaremos aquí. Nos iremos a California en unos meses.

—¿A California? No paras, ¿eh?

—La vida es mágica, ¿recuerdas?

—Claro. Cómo voy a olvidarlo. ¡Qué recuerdos, Dios!

—Tengo que contarte mil cosas.

—Y yo a ti.

—¿Y tú cómo estás? —preguntó Sarah.

—¿Yo? Muy bien. Con una nueva vida. He hecho cambios radicales y estoy encantada. Ya te contaré.

—Tú siempre viviendo con esa intensidad y pasión.

—Igual que tú, ja, ja, ja.

—Estoy enamorada de la vida.

—Y yo. ¿Sabes qué? Voy a mirar billetes ahora mismo y si encuentro uno para mañana me vengo.

—¡¡¡Síííííííííííí!!!

—Te llamo mañana y te confirmo, ¿OK?

—¡Genial! Te quiero.

—Y yo a ti.

—*Ciao bella*.

—*Ciao*.

Así acabó nuestra conversación. No me lo podía creer. Por nada del mundo esperaba volver a tener noticias de Sarah.

—Ella es así —me decía—, aparece y desaparece. Y yo lo respeto totalmente. Tenemos una relación muy especial. Para mí, este amor libre incondicional es el verdadero.

Me sentía tan contenta que puse música y empecé a bailar como una loca por toda la casa.

—¡Qué vida tan maravillosa! —exclamaba—. ¡Qué felicidad tan grande! ¡Gracias, gracias y mil gracias! —gritaba con todas mis fuerzas.

Miré los vuelos por Internet, y justo había uno al día siguiente por la tarde que me iba perfecto. Llegaría a la hora de cenar, y, para volver, había otro el domingo por la noche. Sin dudar un segundo, compré el vuelo de ida y vuelta, y, mirándome al espejo, dije:

—Te quiero, Iris. Disfruta a tope de la vida.

Con esa plenitud tan inmensa, me fui a dormir con ganas de que fuera ya el día siguiente. Quería contarle a Sarah mi progreso en mi viaje interior. Sabía que ella me comprendería. Sarah es una experta en ese tipo de viajes. Qué ganas de verla y compartir con ella todo lo que me estaba pasando. No podía esperar a llegar a Ibiza.

Mi mente iba tan acelerada que me costó dormirme. Me venían todos los recuerdos de mi estancia en Londres. Allí fue donde finalmente corté el «cordón umbilical» familiar y descubrí la verdadera libertad por primera vez. Allí me enamoré locamente también de un hermano de alma. En esos cuatro años, aprendí más que en toda mi vida anterior.

—El tiempo es una mera ilusión. Todo está en la mente —reflexioné.

RESUMEN
2.ª ETAPA DEL VIAJE INTERIOR

Purificación del puente
(Quemar condicionamientos)

– Somos Fuego (yo mental)
– Actitud adulta y brillante:

1. Olvídate del *cómo* y confía
2. Libérate de obligaciones y roles innecesarios
3. Cambia de perspectiva
4. La perspectiva perfecta

3.ª etapa:
Firmeza del puente

(Equilibrio de polaridades)

Somos Agua (yo emocional)

Viernes, 21 de enero

Me levanté de la cama con un gran entusiasmo. Cinco de la mañana, como cada día. Tenía ganas ya de que llegara la hora de ir al aeropuerto. Sabía que me esperaba un fin de semana irrepetible. Aquel día fue un reto concentrarme en mis tareas, pero no me importó. Llevaba semanas trabajando muy duro y me merecía un descanso. Me sentía muy feliz y radiante.

Llamé a Sarah y le confirmé la hora de mi llegada. Se alegró muchísimo. Quedamos en que me recogería en el aeropuerto.

A continuación, llamé a Max:

—Holaaaaaaa.

—Hola. Pareces muy eufórica. ¿Qué te pasa?

—Estoy superrrrrrrrr feliz. Ayer me llamó Sarah.

—¿Quién?

—Sarah. Mi amiga de Londres, ¿recuerdas?

—Ah, sí. La que se fue a la India y no sabías nada de ella.

—Exacto. Pues ayer me sorprendió y me llamó.

—¡Qué bien!

—Sí. Me voy a Ibiza a verla.

—¿Qué...? ¿Cuándo?

—Esta noche.

—¿¿Esta noche??

—Sí.

Max se quedó en silencio unos segundos. En aquel momento supe que se había molestado por mi espontaneidad, como había pasado en otras ocasiones.

—¿Y cuándo pensabas decírmelo? —preguntó con voz de enfado.

—Bueno, lo decidí ayer por la noche después de hablar con ella.

—O sea que yo no pinto nada en tus decisiones, ¿no?

—Max, no te pongas así. Esto no pasa cada día.

—No, cada día, no. Pero cada dos por tres. Estoy harto de que hagas tus planes sin contar conmigo, Iris.

—Bueno, tranquilízate. Creo que estás exagerando.

—¿Exagerando? Cuando no es Sarah, es Pepito, cuando no es Ibiza, es San Diego o qué sé yo... la China.

—Max, me parece que te estás dejando llevar por las emociones del momento...

—¿Que qué...? No me vengas ahora con uno de tus discursos, ¿eh?

—Bueno, pues no te digo nada más.

—Claro, claro. No digas más, que aquí el que siempre tiene que aguantarlo todo soy yo. Tú haces lo que te da la gana.

—Mmmmm....

—¿Pues sabes qué te digo? Que lo dejo. Esta relación no lleva a ningún sitio. Si te vas a Ibiza, lo dejamos.

—¿Max, qué estás diciendo? Te vas de un extremo al otro. No es todo blanco o negro. No vamos a dejarlo por una tontería como esta.

—¿Tontería? Será para ti.

—Bueno, mira, lo hablamos cuando vuelva tranquilamente, ¿OK?

—No hay nada más que hablar. Para mí está todo dicho.

En ese momento, la que se enfureció fui yo. Le hubiera estrangulado. Hacía unas semanas que no nos habíamos discutido. Pensaba que empezábamos a crear un vínculo real. Pero después de aquello, vi que no. Continuábamos viviendo en dos mundos distintos.

—Mira, si querías ponerme de mal humor, ya lo has conseguido —le dije enojada.

—Me alegro. Adiós.

Y colgó el teléfono.

Toda la euforia que había sentido por la mañana se desvaneció. De repente, sentí todo lo contrario. Aquella pelea con Max había cambiado mi estado emocional al extremo opuesto.

—No puedo creer que me haya hecho esto —me decía.

Sin darme cuenta, adopté un rol de víctima.

Preparé la maleta y llamé a un taxi para ir al aeropuerto. Por más que quería estar alegre, no había manera de quitarme aquella discusión con Max de la mente. Me sentía triste y sola. Tenía la sensación de pérdida, como si se hubiera creado un vacío en mi interior.

—Qué rápido cambia todo. La vida es movimiento continuo —pensé.

A las nueve en punto llegué a Ibiza y enseguida encontré a Sarah en el aeropuerto. ¡Qué emoción al verla! Estaba radiante; exactamente igual que la última vez que la había visto. No había cambiado nada en dos años.

Nos fundimos en uno de aquellos abrazos inigualables. Al instante, volví a sentirme feliz y plena. No podía creerme que estuviera con ella.

El tiempo no existe para nuestra amistad. Podemos estar años sin vernos y cuando nos volvemos a encontrar es como si nunca nos hubiéramos separado. Estas son las relaciones auténticas y sinceras.

—Increíble. Estás exactamente igual —le dije.

—Tú también. Tan guapa como siempre. ¿Qué tal el viaje?

—El viaje bien pero ya te contaré la disputa de antes.

—¿Qué ha pasado?

—Te lo explico mientras cenamos.

—OK. Vamos. Te voy a llevar a un restaurante en la playa. Te va a encantar. Cenaremos cerca del mar con la luna llena —dijo con una sonrisa.

—Genial. Ya sabes cuánto adoro contemplar la luna.

En efecto, el lugar donde fuimos era espectacular: un pequeño restaurante pesquero en una playa privada de un pueblecito de Ibiza. Al lado había un faro que iluminaba el mar. Sarah conocía a los dueños y nos habían preparado una cena especial de marisco.

—Qué paraíso, Sarah.

—Sí. ¿Verdad que es pura belleza?

—Dios. Sí. Solo por ver esto ya vale la pena vivir.

—Ja, ja, ja. Ven, ven. Vamos a subir al faro antes de cenar.

—¿Podemos subir?

—Sí. Verás la impresionante vista desde arriba.

Subimos por unas escaleras de caracol, y al llegar arriba me quedé sin palabras. Era uno de los paisajes más bellos que había visto nunca. Allí arriba era como estar en el Cielo. Hacía una noche estrellada y la luna iluminaba el firmamento.

—Cómo me encanta este silencio —susurró Sarah.

—Sí. Y la SERENIDAD y la PAZ que transmite el mar.

—Es verdad. El sonido de las olas me relaja todo el cuerpo.

—Somos agua, Sarah. Estamos siempre en equilibrio. A veces, viene la marea y después llega la calma.

—El agua fluye y rellena todos los rincones por los que pasa sin resistencia. En todas las circunstancias permanece leal a sí misma. Es suave y *firme* al mismo tiempo.

—¿Te has convertido en un poeta?

—Ja, ja, ja. No, qué va.

—Me gusta esto de fluir y no resistirse.

Silencio. Las dos nos quedamos embobadas por la perfección de aquel momento. El tiempo se detuvo. Olvidé todo lo demás. Era como estar en otro mundo. Y entonces, como si estuviera leyéndome el pensamiento, Sarah dijo:

—Deja que suceda lo que tenga que suceder, mi querida amiga.

Aquello me dejó helada. No podía creerme que Sarah pronunciase la misma frase de aquella visión tan conmovedora del 2 de enero. Aquello era exactamente lo que me habían dicho los seres de luz en la pirámide violeta y lo que decía Cristal a menudo.

Sentí el latido de mi corazón acelerado y, poniéndome de pie con *firmeza*, exclamé:

—La vida es pura magia. La amoooooo con todo mi corazón.

—¡¡¡Esta es mi niñaaaa!!! Vamos, vamos a cenar, que lo celebraremos con un vino blanco delicioso.

Tuvimos una velada inolvidable. Nos quedamos hasta muy tarde hablando en la playa ante la mirada de la luna llena. Aquella noche fue uno de aquellos regalos del Cielo que recordaré toda mi vida. Visité el paraíso en la Tierra.

Actitud equilibrada y neutral

Sábado, 22 de enero

Amanecí con una serenidad interior que me acariciaba la piel. Debí soñar con Max porque solo despertarme pensé en él, pero no recordaba el sueño. Me preguntaba cómo estaría, aunque sentía que no era momento de llamarlo.

La noche anterior con Sarah había sido maravillosa. La brisa del mar me nutría de una manera especial. Empecé a recordar el escenario...

La luz del faro iluminando el mar. Nosotras disfrutando de una copa de vino blanco en aquella playa privada, cerca de la orilla, abrigadas con una manta, oyendo la música lenta de fondo, procedente del restaurante, y el sonido del agua a nuestros pies.

Sarah me estuvo contando sus aventuras en la India y la bella historia de amor con Jon. Había vivido tantas experiencias en aquellos dos últimos años que podía estar horas hablando sin parar. Me apasionaba escucharla.

Desprendía un magnetismo inusual. Le brillaban los ojos como a Cristal. Vivía de un modo diferente a la mayoría. Se había creado su propia vida fuera de condicionamientos sociales, culturales y familiares. Volaba libremente por el mundo. Y transmitía puro entusiasmo por la vida.

—Sarah es un Ángel de la Tierra —pensé.

Le conté mi comienzo del año y le dije que estaba viviendo el mejor año de mi vida. Con todos los detalles, le expliqué mi primera visión, la aparición de Cristal y su mundo sutil, el Sabio, el trayecto para cruzar el puente y unir Cielo y Tierra, las dos primeras etapas de mi viaje interior, la discusión con Max...

—Así que ahora te encuentras en la 3.ª etapa de tu viaje interior.

—¿Eh...? ¿Y tú cómo sabes que hay más etapas?

—Iris, yo he hecho todo el recorrido. Crucé el puente el año pasado. En mi interior, Cielo y Tierra están unidos.

—¿Cómo...? ¿Y no me has dicho nada hasta ahora?

—Por eso te llamé.

—¿Qué quieres decir?

—El Sabio vino a verme y me dijo que necesitabas mi ayuda.

—¿Quééé...? ¿Conoces al Sabio?

—Todos lo conocemos, Iris. Está en nuestro interior. Es la Fuente de todo.

—Ya. Pero, ¿y cómo te habló de mí? No lo entiendo.

—Esto lo comprenderás en la 4.ª etapa. De momento, enfoquémonos en la 3.ª, ¿te parece?

¡Aquello era increíble! O sea que no había sido una casualidad que Sarah me llamara, sino que el Sabio se lo había pedido. Qué *sincronicidad*. De hecho, era verdad que la 2.ª etapa de Purificación me había costado bastante, y un día, llorando, pedí ayuda.

Lo recuerdo perfectamente. Fue el día que vino a verme Blanca. Después de que ella se marchara, pensé en cuánto echaba de menos a Sarah. Con ella podía compartirlo todo, le podía contar cualquier cosa sabiendo que ella me comprendía. Me sentía acompañada en el mundo, con ella.

Aquel día, me acuerdo que pedí al universo que me enviara una persona como ella. Y resulta que el universo hizo lo que yo veía imposible; me trajo a la auténtica Sarah.

Sarah prosiguió...

—Mira, Iris, la 3.ª etapa se denomina «Firmeza» y consiste en alcanzar la estabilidad del puente.

—¿A qué te refieres?

—¿Te acuerdas de aquel proverbio que te mencioné aquella vez que me contaste el fin de tu historia con Enzo?

—Sí, me acuerdo: «Sé como el agua de un río, suave pero de fuerza irresistible».

—Exacto.

—¿Pero qué tiene que ver esto con la Firmeza?

—En esta etapa, necesitas ser *firme* y tenaz. Se trata de seguir una disciplina estricta para liderar tus emociones y salir del drama. Es cuestión de trascender tu «yo emocional».

—¿Salir del drama?

—Sí. Los creadores inconscientes tienden a crear historias dramáticas. Es importante salir de eso.

—¿Y cómo lo hago?

—Aprendiendo a trascender tus emociones; no te dejes llevar por ellas. Lidéralas.

—¿Que las lidere? Qué complicado.

—Para nada. Mira, la verdadera ALEGRÍA se basa en que por dentro haya *firmeza* y fuerza; y en que estas cualidades, hacia afuera, se presenten con suavidad.

—Qué bonito esto que acabas de decir. Lo recordaré.

—¿Te has dado cuenta de que cuando estás eufórica pasa algo que te hace sentir desanimada? ¿o que cuando alguien te apoya, al mismo tiempo otro te desafía?

—Sí. Esto es exactamente lo que pasó ayer con Max.

—Correcto. Cada vez que experimentamos una emoción, automáticamente experimentamos su polo opuesto. Somos como un péndulo en permanente movimiento de un extremo al otro.

—¿Cómo, un péndulo?

—Visualiza el vaivén de un péndulo. Fíjate que cuando te sientes muy segura y confiada, siempre pasa algo que te retorna a la humildad. Cuando alguien te da algo, otro te lo quita. O incluso lo experimentas con la misma persona, a veces te apoya, otras te desafía. Estamos siempre en EQUILIBRIO.

—Nunca lo había visto así.

—Fíjate que cuando más grande es la subida de la ola, más grande es la caída.

—Es verdad.

—Date cuenta de que no hay nada mejor o peor.

—Bueno, no estoy tan acuerdo. A mí hay cosas que me causan placer y otras dolor. Las que me dan placer, son mejores. Por ejemplo, que alguien me apoye y me quiera, me gusta. O sentirme eufórica, también me encanta.

—Iris, la felicidad no puede ser obtenida a través de la búsqueda del placer y la satisfacción de los sentidos.

—¿Ah, no?

—No. Si dejas a tu mente condicionada juzgar lo que es bueno o malo, eres dependiente de lo que hacen los demás y de lo que sucede en el exterior.

—¿Es normal no?

—Bueno, vives en el drama del mundo de la ilusión. Y entonces, sufres.

—¿Y cómo se evita este sufrimiento?

—Siendo consciente del péndulo emocional. No se puede experimentar una emoción sin su opuesto complementario. Cuando sientas placer, después vendrá el dolor. Es matemático.

—No sé si te sigo, Sarah.

—Se trata de tener una ACTITUD EQUILIBRADA Y NEUTRAL.

—¿Entonces este es el entrenamiento de la 3.ª etapa?

—*Yes, my dear.* Sé feliz independientemente de lo que suceda en el exterior.

—Qué gran reto —pensé. Aunque si había llegado a la 3.ª etapa era porque estaba preparada para ello. La vida nunca nos pone en una situación en la que no dispongamos de los recursos para superarla. Eso lo sabía por propia experiencia.

Los desafíos como este me hacen sentir viva. Y el percibir que cada día mi vida es más fácil, me motiva a seguir perseverando en mi viaje interior. Paso a paso, estoy aprendiendo a fluir sin esfuerzo, como el agua.

1. Deja de juzgar lo que es bueno y/o malo

Recordando aquella conversación de la noche anterior, me venía la imagen de un péndulo moviéndose de un extremo al otro.

Miré el reloj: eran las diez y once. Sarah aún dormía. Decidí no despertarla e ir a la playa a dar un paseo. Le dejé una nota y me fui sin hacer ruido. Me apetecía reflexionar sobre la 3.ª etapa de mi viaje interior: la Firmeza.

Continuaba practicando las dos primeras fases con una ACTITUD INOCENTE, ALERTA, ADULTA Y BRILLANTE. Me sentía preparada para avanzar un poco más en mi cambio de paradigma.

Llegué a la playa desértica y me senté encima de una gran roca al lado del mar. Cómo disfrutaba estando en un lugar a solas con la naturaleza. Respiré profundamente, y contemplando el mar con ternura, le susurré:

—Cómo me gustaría sentirme siempre tan serena y tranquila como ahora.

Estaba en paz y todo mi cuerpo relajado. Podía pasarme horas allí simplemente contemplando el vaivén de las olas. De repente, de aquel silencio misterioso apareció Cristal:

—Hola, hermosa.

—Hola, Cristal. Qué sorpresa, no te esperaba por aquí.

—Yo siempre estoy contigo.

—¿De veras?

—Claro.

—Estaba meditando sobre la 3.ª etapa de mi cambio de paradigma.

—Lo sé. Por eso he venido.

—¿Ah, sí? ¿Tienes algo que decirme?

—En estado de verdadera tranquilidad descansas en algo así como un espacio de aceptación total. Aunque puedes participar en lo que sucede, no lo controlas.

—Comprendo, pero, ¿cómo lo consigo?

—Deja de perseguir el placer. Si continuas buscando el placer en tu vida, es inevitable que traigas dolor. Vives en una noria emocional de subidas y bajadas.

—¿A qué te refieres?

—Se trata de ser *firme* y no dejarte llevar por el círculo vicioso de la negatividad. Tu mente tiende a ser negativa debido a los condicionamientos. Rompe la inercia emocional.

—Ya. Pero, ¿cómo?

—Sé neutral. No juzgues nada como bueno y/o malo.

—Pero esto no es tan fácil. Mi mente es quien juzga.

—Sé consciente de tus detonantes.

—¿Mis qué...? ¿Qué son los detonantes?

—Son estímulos externos que activan tus programas automáticos y te desequilibran.

—¿A qué te refieres?

—Imagínate que llevas puesta una armadura con unos botones que cuando algo o alguien los activa, toda una maquinaria inconsciente se pone en marcha y tú pierdes el control. Entonces te vas de un extremo al otro de la escala emocional.

—Dame otra metáfora para que lo entienda.

—Es como si una gran ola te arrastrara contra una roca en un día de tormenta. Si no eres lo suficientemente *firme*, perderás el equilibrio.

—¿Y un ejemplo?

—Por ejemplo, cuando alguien se comporta de una manera que no te gusta o te exige demasiado, puedes sentir ira o rabia.

—Sí, claro. Como Max.

—Incluso cuando tú misma llevas el perfeccionismo a límites extremos, cuando haces *multi-tasking* y te aceleras, o cuando haces algo pensando en otra cosa. En realidad, es cuando te pierdes en la actividad que haces.

—¿Me pierdo?

—Sí, dejas de ser una espectadora neutral.

—¿Y de qué me sirve conocer mis detonantes?

—Si eres consciente de ellos, cuando sucede algún estímulo externo que en el pasado te hacía reaccionar, puedes evitarlo. Así mantienes el equilibrio y la serenidad que anhelas.

—¿Y los detonantes son todos negativos?

—Detonar significa provocar la reacción. Son las emociones que juzgamos como positivas o negativas. Obviamente existen detonantes para las positivas también.

—¿Por ejemplo?

—Cuando te halagan o te seducen, por ejemplo, te vas al extremo de euforia, arrogancia, quizás ambición.

—¿Así que esto también me desestabiliza?

—Claro. Te activa el orgullo y la vanidad.

—Qué interesante. Entonces para mantener la PAZ INTERIOR, dejo de juzgar los acontecimientos como buenos y/o malos.

—Exacto. Acuérdate siempre del vaivén del péndulo. Y sobre todo, ¡disfruta!

Así terminó mi diálogo íntimo con Cristal. La 3.ª etapa de mi viaje interior consistía en alcanzar la independencia interior dejando de juzgar los acontecimientos como buenos y/o malos. Pensé, por ejemplo, en el tema de mi libro. La polaridad positiva podía ser la satisfacción personal de terminarlo y todo el crecimiento personal que aquello suponía. La negativa era que podía sentirme insatisfecha con el resultado y además tendría que exponerme a las posibles críticas. Por lo tanto, terminar el libro no era bueno ni malo. Mi felicidad no dependía de él.

A partir de aquel momento, me entrenaría para ver siempre la polaridad opuesta de la situación y mantener así el equilibrio.

Volví al apartamento de Sarah con la energía renovada. Aquella 3.ª etapa del cambio de paradigma era un gran descubrimiento para mí. Me di cuenta de que me había pasado la vida siendo prisionera de mis emociones. Por fin, aprendería a liderarlas con consciencia.

Cuando llegué, Sarah había preparado un exquisito desayuno y estaba tomándose un café.

—Voy mejorando en eso de no perseguir el placer —pensé. Aquella mañana, había olvidado totalmente el placer de mi primer café del día.

—Sigue siempre adelante con tus principios, Iris —dijo Sarah al verme entrar.

—¿Cómo...?

—Sé *firme* y persevera. Estás en la penúltima etapa de tu viaje interior.

—¿Me estabas leyendo el pensamiento?

—Telepatía, mi querida amiga.

—¿Y qué estoy pensando ahora?

—Te crees muy lista, tú, ¿eh? —dijo riéndose.

—Ja, ja, ja.

—Te sugiero que empieces a prepararte porque cuando hayas unido Cielo y Tierra, la telepatía será algo normal en tu vida.

—¿Cómoooo...? —dije con los ojos como platos.

—Ya me lo contarás.

—¿Sabes qué? —le susurré, cambiando de tema.

—¿Qué?

—Estaba pensando que hace mucho que no visito nuestra ciudad preferida.

—¿London?

—*Yes*.

—Ya. Yo también.

—Podríamos organizar un viaje juntas después del verano.

—¿Organizarlo?

—Bueno, no. Si está en nuestro camino, saldrá espontáneamente.

—*Brava*, ja, ja, ja.

Sarah vive en el «aquí y ahora». No fuerza nada. Se deja llevar por la inspiración del momento. Ella es pintora y fotógrafa profesional. Y esa manera suya de ser le permite plasmar una realidad distinta. Sus cuadros son impactantes, parecen vivos. Tiene un talento especial para permitir al universo expresarse a través de ella.

Sarah siempre dice que ella no hace nada; simplemente fluye. No tiene miedo a nada. Es una mujer valiente con una *firmeza* admirable. Ella confía plenamente en la vida.

2. Libérate de culpas y de creencias limitantes del pasado

Sábado, 22 de enero

Disfrutamos todo el día explorando la isla con curiosidad, como si fuera la primera vez. No teníamos ningún plan específico ni ninguna expectativa. Sarah conducía su Mini naranja sin seguir una ruta determinada. Bromeaba que la ventaja de vivir en una isla era que siempre llegábamos al mismo punto. No había riesgo de perderse.

Comíamos cuando teníamos hambre, sin horarios fijos, y nos deteníamos cuando nos apetecía a contemplar la belleza del mar. Saludábamos a todas las personas que nos encontrábamos como si las conociéramos. A las dos nos encantaba hacer esto: tratar a los desconocidos como si les conocieramos. Solíamos hacerlo en Londres; entrábamos en algún lugar y enseguida conocíamos a todo el mundo.

Pusimos un CD de Manu Chao que se llama *Próxima estación: Esperanza* e íbamos cantando con ímpetu. La música nos hacía vibrar de alegría. Era todo perfecto.

En un mismo día, experimentamos las tres etapas del cambio de paradigma. Mirando al CIELO, nos sentíamos libres como el AIRE, brillábamos como el FUEGO con amor y fluíamos como el AGUA dejándonos llevar por el momento.

Fue un día de PLENITUD. En un momento de mucha conexión, Sarah preguntó:

—¿Te das cuenta de lo que sientes cuando te sintonizas con quien tú eres realmente?

—Síííííííííí... puro éxtasis —contesté, recordando aquel sueño.

—Ja, ja, ja. Así es. Esta es la magia de la vida.

—¿Y la 4.ª etapa? ¿Cuál es? —pregunté con curiosidad.

—¡Ah! Ya lo descubrirás. No quieras correr tanto.

Aquella noche cenamos con Jon, el marido de Sarah. Hasta aquel momento, nos había dejado a solas a petición de ella.

Jon es una persona muy espiritual con una sabiduría innata. Sus grandes ojos verdes te penetran con la mirada de una manera profunda. Tiene el don de leer el alma. Enseguida sentí como si lo conociera de toda la vida.

Estuvimos hablando de la India y su belleza. Les conté el viaje que teníamos intención de hacer con Max. Jon me informó de lugares preciosos para visitar y me dio consejos muy sabios. Entonces, le pregunté:

—¿Y cómo va todo por aquí, Jon?

—Bien. Aunque la vida es muy diferente que en la India.

—Me imagino. ¿Y cuál es una de las cosas que más te cuesta? —pregunté, curiosa.

—Tengo problemas con el dinero —respondió rápidamente.

—Sí, en esto es un desastre. Nunca llega a final de mes —comentó Sarah.

—No sé cómo gestionarlo —dijo Jon.

—¿Cómo viviste el tema del dinero en tu infancia? —le pregunté.

—Pues imagínate. Mis padres eran muy humildes.

Siempre decían que tenían que trabajar muy duro para ganar dinero. «El dinero no cae del cielo», repetían.

—¿Cuál era su relación con él?

—Gastaban lo justo. No se permitían ningún tipo de lujo. Para ellos, era bastante complicado poder pagar los gastos a final de mes. No les quedaba nada para ahorrar.

—Normal.

—Recuerdo que un día, cuando era muy pequeño, debía tener cinco o seis años, descubrí un bote lleno de billetes en un rincón escondido de la cocina. Lo abrí y saqué todos los billetes. Algunos se me cayeron en el suelo. Cuando mi madre me encontró con todo aquel dinero en las manos, se puso a gritar como una loca. Me dijo que aquello estaba muy mal, que el dinero no se tocaba y que a ver quién me había creído yo. Me advirtió que si volvía a tocarlo, me llevaría a un orfanato. Me quedé aterrorizado. No comprendía qué había hecho para que mi madre se pusiera de aquella manera.

—Seguro que aquella experiencia te traumatizó —comenté.

—Por supuesto.

—Aquello debió influenciar tus creencias sobre el dinero —dijo Sarah.

—Está claro. Nunca me ha gustado tener billetes en mis manos. Siento como si estuviera haciendo algo malo.

—¿Y qué más recuerdas de aquello, Jon? —pregunté.

—Recuerdo que cuando ya era más mayor, solo me daban algo de dinero si tenía algún problema. Llegué a inventármelos para que me dieran más —confesó.

—¿Y qué te inventabas? —preguntó Sarah.

—Un día les dije que había perdido unos libros muy

caros y que debía volver a comprarlos. Otro día, les confesé que me habían robado todo lo que tenía. Y así me iba inventando historias.

—Entonces, tu mente relaciona problemas con dinero, ¿no es así?

—Supongo que sí. Bueno, nunca lo había pensado de esta manera.

—Tu mente debe pensar que cuando tienes problemas, recibes dinero. Este debe ser tu patrón inconsciente —comenté.

—Además, si continuas diciendo que «tienes problemas con el dinero», eso mismo es lo que el universo crea para ti —dijo Sarah.

—¿A qué te refieres?

—Me refiero a que si continuas hablando de «problemas» y «dinero», eso mismo crearás. Para liberarte de creencias inconscientes del pasado, utiliza tu varita mágica.

—¿Mi qué...?

—La varita mágica se refiere a cambiar tus palabras —contesté.

Estaba asombrada de la fluidez de aquella conversación. Como si Sarah y yo estuviésemos bailando un tango, ella daba un paso y yo otro, y así, sucesivamente, avanzábamos al compás de una melodía.

—¿Y qué palabras utilizo entonces? —preguntó Jon.

—Puedes empezar a pronunciar conscientemente expresiones como: «acepto la libertad económica en mi vida», «soy un imán del dinero», «el dinero viene a mí fácilmente», «soy la fuente de mis ingresos», «vivo en abundancia», «me merezco recibir dinero», etcétera —contestó Sarah.

—Pero, ¿seguro que funciona? Me parece muy falso todo esto.

—¿Cómo crees que hemos cambiado las creencias, nosotras?

—Con la repetición de nuevas afirmaciones y amándote más es posible reprogramar tu mente —apuntó Sarah.

—Todos tenemos creencias inconscientes que nos limitan. Forman parte del paradigma imperante en el que vivimos. Para fluir con la vida, es imprescindible liberarse de ellas —comenté.

—Yo siento que no merezco tener dinero —dijo Jon.

—Ya. Esto es lo que nos pasa a todos. En el fondo, no nos queremos lo suficiente para aceptar recibir.

—Si no te permites recibir más dinero, por supuesto, no lo recibirás —insistí.

—¿Y cómo cambio esto? —cuestionó Jon.

—Perdonándote a ti mismo y amándote más. Así sueltas las creencias inconscientes de no merecer.

—¿Ah, sí? Qué increíble —dijo Jon sorprendido—. ¿Y qué otras creencias cambiasteis vosotras?

—En mi caso, por ejemplo, una de las creencias que más me limitaba era pensar que debía tener un sueldo fijo a final de mes para poder vivir.

—¿Y no es así?

—Claro que no. Ahora me he dado cuenta de que en una semana puedo ganar mucho más que antes en un mes. He cambiado mi paradigma.

—Yo también lo he cambiado —apuntó Sarah—. Una de las creencias que más me pesaban era que tenía que sacrificarme y trabajar muy duro para ganar dinero.

—¿Y no es así? —volvió a preguntar Jon.

—Para nada. Cuando te dedicas a tu pasión, las palabras: «esfuerzo», «sacrificio», «obligaciones», etcétera, desaparecen de tu vocabulario. Lo único que se necesita es un compromiso *firme* con tu proyecto de vida. Todo lo demás llega, fluyendo como el agua.

—Estoy fascinado con vosotras —dijo Jon.

—Y yo contigo —le contestó Sarah, dándole un fuerte beso.

—Qué bonito es el amor —dije riéndome.

Me encantó ver el nivel de conexión de Sarah y Jon. Ellos no se juzgaban, ni se criticaban, ni se culpaban ni se exigían nada. Respetaban el espacio de cada uno y crecían juntos. Se ayudaban uno al otro formando un equipo.

Qué relación más auténtica —pensé.

La noche fue maravillosa. Cuando llegamos a casa, escribí en mi cuaderno:

Hoy me LIBERO del peso del pasado, de culpas y de todas las creencias limitantes en relación al dinero. Vivo con abundancia. Tengo una mentalidad de abundancia. Me perdono a mí misma y a los demás. Soy AGUA que fluye en el presente.

Y así me dormí echando de menos a Max. En todo el fin de semana no había recibido noticias de él. Me preguntaba qué sucedería con nuestra relación. Me sentía incómoda con aquella incertidumbre.

Practicaba la Apertura del viaje pensando en nuevas opciones, preguntándome «¿Y si...?». Sabía que si con

Max no funcionaba, significaba que aquel no era mi camino.

Me entrenaba a «purificar» las dudas cambiando mi perspectiva. Cuando surgía el «yo infantil» y sentía miedo, recordaba que aquello significaba que estaba saliendo de mi zona de comodidad. Seguramente, mi relación con Max estaba evolucionando a un nivel que yo desconocía.

Sabía que no estaba sola; el Sabio me acompañaba. Y me sentía *firme* en liderar mi estado de ánimo. Trascendía mis emociones y me mantenía neutral.

—No juzgues nada como bueno y/o malo. Todo tiene su polo opuesto —me repetía.

3. Perdónate y perdona a los demás

Domingo, 23 de enero

Sarah y yo pasamos el día tranquilas, conversando, paseando, cocinando, comiendo, disfrutando de no hacer nada. El *dolce far niente*, que dicen los italianos. Jon se fue con unos amigos y nos dejó el apartamento para nosotras. Cuando estábamos tomando un té por la tarde, Sarah me preguntó:

—¿Y qué vas a hacer con lo de Max?

—Pues no lo sé. Esta noche cuando llegue, le llamaré.

—¿Le quieres?

—Sí.

—Entonces perdónalo. Para unir Cielo y Tierra es esencial soltar el pasado, perdonarse a uno mismo y a los demás.

—Yo no tengo nada que perdonar. Es él quien está enfadado.

—El concepto de perdón es más profundo de lo que crees. No lo ejecutes mentalmente —dijo Sarah.

—¿Qué quieres decir?

—Perdonar significa ver a otro con nuevos ojos cada día, como el agua que fluye continuamente. No le etiquetes ni le pongas en una *caja* mental.

—¿Te refieres a que no le juzgue?

—Exacto. Enfócate en su potencial. Acuérdate de que todos tenemos una naturaleza superior y otra inferior.

—Ya. Pero es que Max a veces tiene una rigidez que no soporto.

—¿No será que tú también la tienes y no quieres verla?

—¿Eh...?

—Bueno, la 4.ª etapa de tu viaje te clarificará todo esto. Pero, dime, ese afán tuyo de libertad, ¿no será miedo al compromiso?

—¿Miedo?

—¿Te acuerdas de lo que te pasó con Enzo?

—Sí, claro. Que me perdí a mí misma.

—¿Y te acuerdas de la actitud autoritaria de tu padre durante tu infancia?

—Cómo podría olvidarlo.

—¿Te das cuenta de que tu mente juzga a Max en base a tus experiencias del pasado?

—Sí.

—¿Cuál fue el mayor aprendizaje de aquellas experiencias?

—Que nadie te puede quitar la libertad si tú no se lo permites. Y que la culpa de perderme fue mía.

—Exacto. De nada sirve dar las culpas a los demás.

—Lo sé. No culpo a Max.

—¿Estás segura de que has soltado realmente tu pasado?

—Bueno, reflexionaré sobre ello.

Preparamos la comida con mucha *sincronicidad*; mientras yo hacía una ensalada y ponía la mesa, Sarah cocía las verduras y el pescado al *wok*. Terminamos al mismo tiempo y nos sentamos. Abrimos una botella de cava catalán y nos servimos dos copas para brindar. Sarah dijo:

—Brindo por el misterio de la vida.

—Y por nosotras —dije yo.

Empezamos a comer en silencio saboreando el pescado fresco de la isla. De pronto, Sarah me preguntó:

—Iris, ¿te has perdonado realmente a ti misma?

—¿A qué te refieres?

—Todos cometemos errores en el pasado y hay una parte de nosotros que los juzga. Esa voz es la que no nos permite recibir la abundancia de la vida.

—¿Te refieres a que inconscientemente creo que no me merezco lo mejor porque no me he perdonado completamente a mí misma?

—*Brava.* En realidad, no hay nada a perdonar; no hay nada bueno y/o malo. Pero es importante que lo hagas. Solo podrás perdonar a los demás cuando te hayas perdonado completamente a ti misma.

—¿Y qué me sugieres?

—Escríbete una carta. Y si es necesario, escribe otra a las personas que no hayas perdonado.

—¿Pero y qué tiene que ver la 3.ª etapa de Firmeza con todo esto?

—Para cruzar el puente y unir el Cielo con la Tierra, hay que ser *firme* al soltar el peso del pasado.

—¿Peso?

—Sí, todos los condicionamientos mentales te atan. La familia y lo vivido durante la infancia es lo que más nos condiciona, junto con la educación, la sociedad, los amigos, etcétera. Es como vivir con un peso en la espalda que no es tuyo.

—¡Ajá! Ahora lo comprendo: ese afán mío de libertad me viene de la infancia, no tiene nada que ver con Max.

—Esto es perdonar —dijo riéndose.

—¿Lo es?

—Bella, libérate de pesos innecesarios para fluir como el agua.

Llegó la hora de ir al aeropuerto para volver a Barcelona. Por una parte, me sentía triste de irme, y por la otra, estaba alegre de volver con Max.

—Observa el vaivén del péndulo —pensé.

Llegamos al aeropuerto y nos fundimos en otro de aquellos abrazos inolvidables. Con una sonrisa en la mirada, Sarah me dijo:

—Eres pura magia, Iris, como la vida misma. No lo olvides.

—No lo haré. Sabes que te llevo en mi corazón.

—Y yo a ti. Te quiero.

—Te quiero.

Así nos despedimos, mirándonos a los ojos y reconociéndonos la mirada de un mundo lejano. En aquel momento, tuve la intuición de que no volvería a ver a Sarah. Y así ha sido hasta el día de hoy.

—Ei, Irisssss... —exclamó.

—¿Sí?

—Nos vemos en las estrellas —dijo riéndose mientras se marchaba.

Allí me quedé mirándola con amor verdadero.

—Sarah es un regalo del Cielo —pensé—. Es una persona con un corazón puro.

Con esta idea, subí al avión y me dormí. No me desperté en todo el viaje.

4. La independencia interior

Domingo, 23 de enero

Llegué a Barcelona a las ocho y media. Decidí presentarme por sorpresa en casa de Max. Durante el viaje, había tenido un sueño en el que Cristal me advertía:

—No permitiéndote dar rienda suelta a una euforia emocional, evitas obtener como resultado una depresión emocional. Si te mantienes perseverante en la neutralidad, el mal se agota y muere.

Después de aquel fin de semana, sentía que el mal se había agotado. Tenía claro que quería estar con Max y apostar por nuestra relación.

Llegué a su casa y toqué el timbre con la esperanza de que estuviera allí. Necesitaba hablar con él y calmar la marea.

—¿Sí?

—Hola, Max. Soy yo.

—Sube.

Subí con los nervios a flor de piel. Su voz sonó muy seria. Me recibió con frialdad sin darme un beso ni un abrazo. Me miró a los ojos sin decir una palabra.

—¿Podemos hablar?

—Sí, claro.

—¿Cómo estás?

—Bien, ¿y tú? —respondía escuetamente.

—Bien, gracias. Con ganas de hablar contigo —dije con suavidad.

—Bueno, pues aquí me tienes.

—Sí.

Silencio. Se notaba la tirantez en el ambiente. Los dos nos quedamos callados unos segundos, y entonces dije:

—Siento mucho lo de este fin de semana. Perdóname.

—No te preocupes. No hay nada que perdonar.

—He estado pensando...

—Sí, yo también —dijo Max.

—¿Y qué has pensado? —pregunté nerviosa.

—Ahora que he alcanzado la tranquilidad interior, tengo más claridad —contestó con firmeza.

—Yo también —comenté.

—La confusión viene cuando las emociones me controlan.

—Es verdad. A todos nos pasa a veces.

—Me he dado cuenta de la importancia de mi independencia interior. La felicidad es una actitud que yo elijo en cada momento.

—Estoy de acuerdo.

—El cómo me siento tampoco depende de lo que suceda en el exterior. Siempre puedo mantener mi paz interior, si lo elijo.

—Es verdad —dije sorprendida por los comentarios de Max. ¿De dónde procedía todo aquello? Max no acostumbraba a hablar así. Estaba hablando de la 3.ª etapa de mi viaje interior sin yo haberle contado nada. No comprendía lo que estaba pasando—. ¿Y qué piensas de nuestra relación?

—No lo sé.

—¿No lo sabes? —pregunté asombrada. Él era de aquellas personas que siempre lo sabían todo. Nunca decía que no lo sabía. Si no tenía la respuesta, la proyectaba.

—No.

—¿Qué prefieres que suceda?

—No tengo preferencias. No hay nada mejor o peor —respondió con mucha serenidad.

Me quedé sin palabras. Max me estaba dando una lección de madurez. Era como si él también estuviera recorriendo el trayecto de cambio de paradigma.

—¿Cómo era posible aquello? —me preguntaba a mí misma. Max nunca me había comentado nada de su viaje interior. Se le notaba muy tranquilo y hablaba despacio con suavidad. Parecía otra persona. Era la primera vez que reaccionaba así. Al cabo de unos instantes que parecieron horas, mirándole fijamente a los ojos, le dije—: Te quiero, Max.

Se hizo el silencio. Max no respondió.

Me fui a casa sintiendo una profunda tristeza. Toda la alegría que había experimentado aquel fin de semana con

Sarah se esfumó en un santiamén. De repente, se transformó en una tristeza profunda.

Sentía que Max había perdido la confianza en mí y en nuestra relación. Antes de ir a dormir, cogí una hoja de papel y, automáticamente, sin pensar, escribí:

Cuando nuestra independencia interior es tal que los acontecimientos no nos inquietan por muy adversos o beneficiosos que sean, adquirimos la confianza de los demás necesaria para lograr todo lo que queremos hacer.

Aquel era el gran reto de la 3.ª etapa de mi cambio de paradigma: alcanzar la plena independencia interior trascendiendo mis emociones. Con este pensamiento y la motivación para conseguirlo, me fui a la cama con ganas de comenzar un nuevo día. Haciendo repaso del fin de semana me di cuenta de que estando con Sarah había recorrido la 3.ª etapa de mi viaje interior en tan solo tres días. Aquello era un verdadero milagro. Normalmente, necesitaba una semana completa para practicar cada nueva etapa. Cristal tenía razón: es de gran ayuda rodearme de personas que me influyan de una forma tan positiva.

RESUMEN
3.ª ETAPA DEL VIAJE INTERIOR

Firmeza del puente
(Equilibrio de polaridades)

– Somos Agua (yo emocional)
– Actitud equilibrada y neutral:

1. Deja de juzgar lo que es bueno y/o malo
2. Libérate de culpas y de creencias limitantes del pasado
3. Perdónate y perdona a los demás
4. La independencia interior

4.ª etapa:
Unión del puente

(Fin del viaje)

Somos Tierra (yo físico)

Lunes, 24 de enero

Cinco de la mañana en punto. Abrí los ojos con el recuerdo de un sueño que parecía muy real. Tuve el pensamiento de que los seres humanos somos como la Tierra y nos nutrimos del AMOR y de las RELACIONES. Empecé a recordar aquel sueño...

Era un día de invierno en el que estaba todo blanco de nieve, Cristal y yo decidimos hacer una excursión en la montaña. Abrigados hasta las orejas, empezamos a caminar por el sendero que nos llevaría a una cima cercana con buenas vistas. Hacía mucho frío y el sol nos acompañaba.

—Qué bonito está todo, tan nevado, ¿verdad, Cristal?

—Sí, tienes razón. El invierno siempre me recuerda al proceso de plantar las semillas, regarlas y recoger los frutos. Somos como la Tierra: cosechamos lo que sembramos. ¡Qué perfección!

—Bueno, no estoy tan segura. No siempre recibo los frutos que quiero.

—Esto es porque no arrancas las malas hierbas que impiden que los frutos florezcan.

—¿Las malas hierbas?

—Sí. Por ejemplo: la envidia, las críticas, los celos, la ira, la rabia, la culpa, el compararte con los demás, el competir, la ambición, el sentirte inferior o superior, la necesidad de reconocimiento, el orgullo, la vanidad, el perfeccionismo, la autoexigencia, la impaciencia, las obligaciones... ¿Quieres que continúe?

—No, no, por favor. Con estas me sirve.

—El miedo es el origen de todas las malas hierbas. Es el único obstáculo que te impide alcanzar tus sueños.

—Sé que el miedo es solo UNA perspectiva. Esto lo aprendí en la 2.ª etapa de mi viaje. ¿Pero en qué consiste la 4.ª etapa en la que estoy ahora?

—La última etapa, la Unión, consiste en percibir la unidad que eres. No permitas sentirte separada.

—¿A qué te refieres?

—Para unir el Cielo con la Tierra y cruzar el puente, es necesario que te identifiques con tu esencia y no con tu personalidad.

—¿Y esto cómo se hace?

—Muy fácil: siendo consciente de que lo que das a otro te lo estás dando a ti misma. Para ayudarte, ayuda a otro. Para sentirte feliz, haz feliz a otro. Para recibir, primero da desinteresadamente. Este es el secreto.

—No entiendo eso de la unidad. Yo veo una separación entre las personas. Yo soy este cuerpo y, por ejemplo, Max es otro.

—Recuerda que lo esencial y lo más bello no se ve con los ojos. Ahora estás preparada para «ver» lo invisible. Cierra los ojos y ve la Unión.

—Si cierro los ojos, no veo nada y me pierdo.

—Bien. Dime una cosa, ¿cómo te sientes ahora con tu relación con Max?

—Triste. Siento que lo he perdido.

—¿Cómo crees que se sintió él el pasado fin de semana?

—Me imagino que igual.

—¿Te das cuenta de que la tristeza que le causaste es lo que tú estás sintiendo ahora?

—Sí.

—Lo que le haces a otro, te lo estás haciendo a ti misma. Es matemático. Es la ley de «causa-efecto» (toda acción causa una reacción).

—Ya. Pero no hay motivos para ponerse de esa manera. No soporto cuando adopta una actitud de víctima con esa negatividad. Se va de un extremo al otro.

—¿Cómo estás tú ahora?

—Igual. Me siento impotente.

—¿Y qué más?

—Tengo miedo a perderlo.

—El miedo es lo que te causa la negatividad. ¿Percibiste este miedo en Max el otro día?

—Sí.

—Sois espejos, Iris.

—¿Cómo?

—Max te reflejó tu propio miedo. Lo que ves en los demás, es algo tuyo que no quieres ver.

—¿Algo mío?

—Sí. Lo que más te molesta de los demás te está enseñando tu lado oscuro.

—¿Mi lado oscuro?

—Es la otra polaridad. Lo que no quieres ver de ti misma. Para alcanzar la Unión es imprescindible integrar todas las polaridades.

—Pero Max es muy rígido y yo no.

—¿Estás segura?

—¿Eh...?

—¿Lo aceptas a él como distinto a ti?

—Bueno, sí, pero no estoy de acuerdo en...

—¿Y qué hay mejor o peor?

—Nada. Cada uno tiene parte de la verdad parcial.

—¿Ves ahora tu rigidez?

—Ummmm.

Seguimos caminando y llegamos a lo alto de la cima. Al otro lado, divisé la comunidad de la Consciencia de la Unidad. Había un grupo numeroso de seres trabajando en la fase final de la construcción del puente.

—¿Cómo progresa vuestra misión? —le pregunté a Cristal.

—Excelente, estamos en la última fase de Unión.

—Qué bien.

—Sí. Aquí se trata de un trabajo en equipo. Mientras en las otras tres etapas cada Creador Consciente cruza el puente de forma individual siendo un guerrero pacífico, ahora se trata de unir fuerzas.

—¿Qué quieres decir?

—Bueno, en las tres primeras etapas el viaje es más solitario. Uno abre la puerta del Cielo y sale de su zona de comodidad. Después se dedica a limpiar el camino quemando el velo de las dudas con un cambio de perspectiva. A continuación adquiere la Firmeza que le da la estabilidad interior para continuar el trayecto; en esa etapa deja de juzgar lo bueno y/o malo y así consigue el equilibrio. Y en la 4.ª etapa, uno se convierte en un Instrumento del Universo.

—¿Qué es exactamente un Instrumento del Universo?

—Es una persona que se entrega al servicio de los demás. Ama de una forma desinteresada.

—¿Te refieres a un Ángel de la Tierra?

—Exacto. Dicho en otras palabras: a un Creador Consciente. Y entonces, entras a formar parte de la misión universal en la Tierra.

—Y la vida tiene un sentido más profundo —dije.

—Sí, porque has llenado el vacío interior. —Después de que pronunciara aquella frase, Cristal se me quedó mirando con ternura y dijo—: Ha llegado el momento de despedirme.

—¿Eh...? ¿De qué estás hablando?

—Retorno a mi origen, Iris. Ya no me necesitas.

—¿Cómo? ¿Qué estás diciendo? Te necesito más que nunca.

—¿No lo ves?

—No.

—Te has convertido en el maestro de tu destino. Estás en tu momento de cristalización. Y esto implica mi despedida.

—Pero no puedes dejarme sola... —dije con lágrimas en mis ojos.

—Los ángeles de la tierra no están solos. Iris, ha sido un verdadero honor acompañarte en tu viaje interior. Eres una triunfadora. Te felicito por tu éxito.

—Noooo, espera, espera —le rogué.

—Utiliza tu telepatía para comunicarte conmigo.

—¿Mi telepatía? Pero si yo no tengo, Cristal.

—Confía en ti y escucha a tu corazón. Guíate siempre por lo que sientas y haz caso a tu intuición.

—Lo haré, pero dime solo una cosa: ¿qué hago con el tema de Max?

—Mmmm... ¿Tú qué crees?

—No lo sé.

—Genial. Deja que suceda lo que tenga que suceder.

—Otra vez aquella famosa frase —pensé—. ¿Y qué tiene que suceder?

—Sigue el Plan Divino...

Así me desperté. Esto era todo lo que recordaba del sueño. Pensé que tan solo era un sueño y, por lo tanto, Cristal volvería a aparecer en cualquier momento como siempre hacía.

Actitud interdependiente y modesta

Lunes, 24 de enero

Comienzo de una nueva semana; una nueva oportunidad para aprender y mejorarme a mí misma. Cada lunes representaba el inicio de una nueva etapa de mi cambio de paradigma, y por lo tanto, nuevas lecciones. Di las gracias por un nuevo día, pronuncié mi mantra preferido y empecé con los preparativos de mi ritual matutino.

Saboreando el primer café de la mañana, reflexionaba.

Aquel mes de enero estaba siendo uno de los más intensivos de mi vida. La concepción del tiempo había cambiado totalmente. Lo que vivía en un día era como lo vivido en una semana en el pasado. Todo iba muy rápido. Sentía una aceleración brutal en mi transformación interior.

Me estaba convirtiendo en una creadora consciente.

Era una espectadora de mi vida. La imagen de mí misma había cambiado radicalmente en las últimas semanas.

Aquella mañana sentía una especial curiosidad por llegar a la etapa final de mi viaje interior. Me sentía diferente, más libre y abierta, adulta, confiada y segura, equilibrada y neutral. Los momentos a solas conmigo misma eran muy enriquecedores. Los «¡Ajás!» fluían más que nunca con facilidad.

Vivía el día a día como una aventura. Ya no me preocupaba por el futuro ni creaba fantasías. Confiaba plenamente en la vida y el universo. No tramaba, no forzaba, no dudaba y era capaz de cambiar de perspectiva cuando el miedo me visitaba. Quemaba el velo de la ilusión sin dejar que la mente condicionada me confundiera. Me aceptaba a mí misma tal y como era. Asumía la responsabilidad de mi vida liberándome de los roles de víctima y salvadora.

Cada día era un nuevo aprendizaje. La vida era mi mejor maestro.

Finalmente, sentí que había soltado mi pasado. Cambié muchas de mis creencias limitantes y dejé de juzgar los acontecimientos de mi vida. Era consciente del vaivén del péndulo emocional y ya no perseguía desesperadamente el placer. Cuando me sentía eufórica recordaba el peligro de volver al otro extremo. Me había perdonado a mí misma, a mis padres y a otras personas. Sentía paz interior.

¡Ajá! De repente, comprendí lo que me había dicho el Sabio aquel lunes, 3 de enero: «Cruza el puente que une el Cielo con la Tierra. No dejes que la marea temporal apague el fuego de tu interior. Hazlo brillar en todo momento. Sigue siempre adelante sin mirar atrás».

—Claro. Así me convierto en el mago de mi vida. Somos todo. Somos Cielo, Fuego, Agua y Tierra. Esta es la cristalización de la que hablaba Cristal. —Entonces pensé en Max y en nuestra relación—. ¿Cómo puedo aplicar todo lo que he aprendido en mi viaje interior a este tema¿ —me preguntaba.

En aquel momento, por sorpresa, mi mano empezó a escribir de forma automática a toda velocidad:

—*Si estás dispuesta a rendirte al amor en lugar de controlarlo, el amor te enseñará quién eres.*

—¿Eh...¿

—*El amor verdadero es libre, incluye lo positivo y lo negativo. No se rige por normas, ni necesidades ni sabe nada de condiciones o posesiones. Es desinteresado.*

—Ya. Es muy fácil decirlo, pero casi todo el mundo ama con condiciones.

El Sabio prosiguió....

—*¿No te has preguntado nunca cómo los padres aman sin condiciones a sus hijos¿*

—Bueno, esto es sentido común. Es el amor más puro —contesté.

—*En la comunidad de la Consciencia de Unidad se «elije» amar así. Se acepta a cada hermano/a del alma tal y como es con consciencia. No se pide, no se exige, no se espera nada a cambio, simplemente se ama. Por el simple placer de amar.*

—Esto es fácil de decir, pero...

—*Cada ser humano busca la fusión con su propia esencia. Esa fusión es el amor puro. En el mundo de la ilusión se persigue el placer y la satisfacción de los sentidos. Solo quieren lo positivo de las relaciones. Ponen el amor en una prisión: te amo si eres/ haces esto y dejo de amarte si no lo eres/haces; esto lo acepto y esto no; esto me gusta y esto no... Esto no es amor de verdad.*

—¿Y cuál es el verdadero?

—*El que no tiene motivaciones ocultas. Es sincero y desinteresado. Y este amor conduce al profundo gozo de ser libre.*

—La verdadera libertad, ¿eh?

—*Se trata de rendirte al amor. Es experimentar que lo que das al otro te lo estás dando a ti misma.*

—¿Y esto cómo se consigue?

—*Con una* ACTITUD INTERDEPENDIENTE Y MO-DESTA.

—O sea, sintiendo que somos una unidad y que estamos todos conectados.

—*Exacto. Ama sin esperar nada a cambio. Deja que el amor incondicional fluya libremente de tu interior. Ese amor retornará a ti multiplicado por mil.*

—Te refieres a que no me resista, ¿verdad?

—*Sí. Confía en la vida. Expresa tu gratitud por la situación presente. Gratitud significa estar lleno de grandeza.*

Así acabó mi conversación con el Sabio aquella mañana de lunes, 24 de enero. Me encantó aquella definición de gratitud.

—Qué buen comienzo de semana —pensé.

Después de aquella inspiración divina, me di cuenta de que Cristal tenía razón. Lo que tuviera que suceder, sucedería. Mi relación con Max no estaba en mis manos.

Lo único que yo podía hacer era amarlo de verdad, sin condiciones, de forma desinteresada. Decidí dejar pasar unos días sin hacer nada.

—Los dos necesitamos nuestro espacio —pensé.

1. Visita la tierra del otro

Martes, 25 de enero

En mi ritual matutino, durante mi proceso de preguntas-respuestas reveladoras, llegué a la siguiente reflexión: cada ser humano es un universo único. Un microcosmos dentro del macrocosmos. La singularidad de cada uno enriquece al mundo. Comprender la manera de ver el mundo de otra persona es expandir la percepción de la realidad.

—Qué maravilla disfrutar de esa diversidad —pensé.

Entonces, tuve la intuición de cambiar de escenario

aquella mañana. Una voz interior me dijo que me esperaba una sorpresa.

Como siempre, seguí mi intuición. Decidí ir al Starbucks a escribir. Me cautivaba el ambiente internacional que allí se respiraba. Cada vez que iba, podía visualizarme en cualquier otra ciudad del mundo. Sin tener que viajar, en mi imaginación había tomado cafés en multitud de países distintos. Aquello me fascinaba.

Sabía que la 4.ª etapa de mi viaje interior representaba un gran reto para mi mente racional y lógica. Mi entrenamiento consistía en sentirme unida a todos. Observaba a desconocidos y me decía:

—Yo soy tú, y tú eres yo. Somos uno. Namasté.

Mi mente se resistía a aquella percepción. Le costaba aceptar aquella integración.

Eran las ocho y media. Estaba tomando un capuchino y escribiendo en mi cuaderno, cuando, de repente, oí:

—Ei, Iris, qué sorpresa. ¿Qué haces tú por aquí?

Alcé la mirada y vi a Jean-Luc. Hacía meses que no hablábamos. Él siempre estaba viajando de un país a otro. Jean-Luc es un íntimo amigo, de Bélgica, que se mudó a Barcelona hace dos años. Fuimos compañeros de trabajo allí. Ahora está en una multinacional como jefe de ventas.

—Hola, Jean-Luc. Qué «casualidad», no te esperaba por aquí.

Estaba muy atractivo, como siempre, vestido de manera elegante y con su sonrisa mostrando unos dientes perfectos. Jean-Luc es un comunicador nato; hecho que le convierte en un auténtico seductor.

—Ya. Si es que nunca vengo a este Starbucks, acostumbro a ir a una cafetería al lado del despacho.

—¿Y cómo es que hoy has cambiado?

—No lo sé. Me apetecía caminar un rato y he tenido la intuición de que tenía que venir aquí. Qué extraño, ¿eh?

—Sí. Yo he tenido la misma intuición. ¿Será que nos teníamos que encontrar?

—Seguro que sí.

—¿Cómo estás? —le pregunté.

—¿Cómo me ves? —contestó usando su poder de seducción.

—Yo te veo muy bien —sonreí—. ¿Qué tal el trabajo?

—Podría ir mejor, pero no me quejo.

—Te siento un poco desilusionado. ¿Qué ha pasado? Estabas encantado hace unos meses.

—Sí, bueno. La verdad es que últimamente he tenido muchos problemas con el departamento de marketing. Estoy un poco harto de tanta lucha.

—¿A qué te refieres?

—Pues que con esta crisis yo necesito que ellos hagan más campañas publicitarias que nunca. Quiero que me apoyen en mis iniciativas para incrementar las ventas. Y en cambio dicen que hasta el año que viene no pueden hacer nada. A mí me han marcado unos objetivos muy ambiciosos, y de esta manera será imposible cumplirlos. Su actitud me perjudica en mis resultados.

—Comprendo.

Jean-Luc se puso serio de repente. Se notaba que ese tema le afectaba enormemente. Para él, su carrera profesional era muy importante. Se lo tomaba muy a pecho. Prosiguió:

—Estoy cansado de discutirme con ellos y estoy perdiendo la motivación. ¿Qué puedo hacer, Iris?

—Visita su tierra —contesté.

—¿Cómo?

—¿Quieres que lo hagamos juntos ahora?

—Sí, claro. Todo lo que pueda ayudarme será bienvenido.

—Bien. Olvídate por un momento de que eres jefe de ventas. Ahora estás en la tierra del departamento de marketing. Dime, ¿qué está pasando allí? —le pregunté.

—Bueno, por lo que sé, están despidiendo a muchos empleados, el departamento se está reduciendo rápidamente.

—¿Y qué más?

—Les han cortado el presupuesto del año anterior. Están todos trabajando bajo presión para crear un nuevo plan y presentarlo a la dirección.

—Bien. ¿Cómo puedes ayudarles?

—¿Yo? Ya tengo bastante con mis problemas.

—Bueno, ahora estás en su tierra, ¿recuerdas?

—Sí, sí, claro. Bueno, supongo que podría unirme a ellos y apoyarles ante la dirección.

—¿Cómo ves la situación ahora? —le pregunté.

—Está claro que si la empresa no destina más dinero para atraer a nuevos clientes, estamos muertos —comentó con resignación.

—¿Cómo ha cambiado tu percepción?

—Me doy cuenta de que me lo estaba tomando personalmente. Esto no tiene nada que ver conmigo. Ellos, en realidad, están peor que yo. A mí al menos no me han reducido los empleados.

—¿Y qué vas a hacer con esto, Jean-Luc?

—Mañana mismo llamo a Peter, el jefe de marketing

y le propondré unirme a su nuevo plan. Presentaremos un plan de ventas y marketing común a la dirección. Voy a poner toda mi energía para ayudarles. Está claro que mis resultados dependen de ellos.

—¿Te refieres a que sois interdependientes?

—Exacto. Estaba forzando un progreso que era imposible. Ahora veo la metavisión; la visión global de toda la empresa. Y comprendo la posición del departamento de marketing.

—Genial.

—Gracias, Iris. Todo el conflicto era porque me lo estaba tomando personalmente. —Era increíble ver la rapidez con que Jean-Luc había cambiado la óptica de la situación. Su proactividad era admirable. Tenía una mente abierta e inocente que le permitía expandirse y tomar las riendas de las circunstancias. Después de aquella conversación, se relajó y me preguntó—: Por cierto, ¿qué tal tu relación con Max?

—Bien —contesté.

—¿Solo bien?

—Bueno, hemos tenido una pequeña discusión.

—¿Qué ha pasado?

—El fin de semana pasado me llamó Sarah que estaba en Ibiza y me fui sin pedirle su opinión.

—Ah, otra vez el tema de la libertad, ¿eh?

—Sí.

—¿Quieres que visitemos la tierra de Max? —propuso riéndose.

—Bueno, no sé si me ayudará hacerlo contigo.

—¿Qué te hace dudar?

—Nada, nada —dije.

Jean-Luc siempre había dicho que él y yo formaríamos una pareja perfecta. Decía que éramos dos espíritus libres: «Tú y yo somos ciudadanos del mundo, Iris».

—Entonces, dime cómo es estar en la tierra de Max.

—No lo sé —contesté—. Se lo voy a preguntar a él.

—Como quieras. Ya sabes que yo estoy a tu disposición. Te esperaré el tiempo que haga falta —respondió con su sonrisa seductora.

—Sí, lo sé. Gracias, Jean-Luc.

—Bueno, hermosa, tengo que irme. Ha sido un placer verte y hablar contigo, como siempre. Eres una fuente de inspiración. A ver si quedamos para cenar un día de estos.

—Perfecto, te llamo. Cuídate, Jean-Luc.

—Ciao.

—Adiós.

Después de que se hubiera ido, no podía quitarme a Max de la mente. Jean-Luc tenía razón. Era cuestión de visitar la tierra de Max. La 4.ª etapa de mi cambio de paradigma consistía en sentirme unida a todo, y con él, en aquel momento me sentía separada.

Me fui del Starbucks con el compromiso firme de alcanzar aquella Unión.

2. Libérate de las «malas hierbas»

Miércoles, 26 de enero

Miré al reloj: cinco de la mañana, como siempre hacía. No había ningún mensaje de Max. Desde el domingo que volví de Ibiza que no habíamos hablado.

Repasé mentalmente mi actitud interior. Me mantenía con una mente abierta e inocente como en mi 1.ª etapa: «Alégrate de no-saber», decía mi voz interior. Me sentía confundida e incómoda por la incertidumbre, pero sabía que era temporal. Recordaba el aprendizaje de mi 2.ª etapa: «Cuando tenga dudas, es mejor no actuar y esperar». Continuaba practicando la independencia interior de mi 3.ª etapa. Otra vez, decidí confiar en el Cosmos y centrarme en mi viaje interior.

Cristal no aparecía. Quizás aquel sueño había sido realidad. Pedí ayuda al Sabio. Aquella 4.ª etapa de la Unión tampoco podía realizarla sola. Siempre que pedía ayuda, el Sabio estaba allí. Era cuestión de vaciar la mente, ser inocente y abierta, concentrarme en mi pregunta, y la respuesta aparecía.

Aquella mañana pregunté:

—¿Cómo consigo la verdadera Unión con Max?

El Sabio respondió:

—La ambición siempre es conducida por el deseo. El deseo es conducido por la duda de que algo no resultará si simplemente dejamos que las cosas sucedan por sí solas y por la presunción

185

arrogante de que la gente es incapaz de encontrar la verdad por sí misma.

—¿Te refieres a que no confío en el potencial de Max?

—La autocorrección es lo primero y quizás lo más importante. Al volver a nuestra correcta actitud modesta y sin presunciones, se tornan posibles grandes cambios en las actitudes de los demás.

—Pero yo ya tengo una ACTITUD INTERDEPEN-DIENTE Y MODESTA.

—La persona verdaderamente modesta ha puesto fin a la vanidad y el orgullo. Es una persona que ha desarrollado su naturaleza superior; se ha unido a sí misma de tal manera que puede unirse a los demás.

—Bueno, esto es lo que he estado haciendo durante todo este mes.

—No perdemos la esperanza en el potencial superior de los demás. No los ejecutamos mentalmente sino que nos mantenemos receptivos. Siempre estamos prestos a retirarnos; a seguir nuestro camino solos. Esto es amar realmente.

Después de aquel comentario, me sentí triste otra vez. Si lo comprendía bien, el Sabio me estaba diciendo que me separara de Max.
—Entonces, ¿qué pasa con mi relación con Max?
Mi mente se resistía a todo aquello.

—*Si puedes perseverar en la no-acción y el desapego, lo creativo resolverá la situación correctamente. Por el momento, acepta la situación humildemente como está.*

—Sí, claro. Las cosas están como tienen que estar —reflexioné.

—*Dos personas se fusionan realmente solo cuando ambas son sinceras en mantener la corrección dentro de sí.*

—Ahora lo entiendo. Max también está recorriendo su viaje interior. Visitar su tierra significa comprender que él también está pasando por etapas que no tienen nada que ver conmigo. Me lo estaba tomando personalmente.

La 4.ª etapa de mi cambio de paradigma implica reconocer la falta de poder de mi personalidad para lograr esa Unión. Teniendo una actitud correcta, obtendré la ayuda del Cosmos que necesito. A continuación, escribí:

Hoy me LIBERO del control de la ambición, vanidad, orgullo, comparaciones con los demás, sentimientos de inferioridad/superioridad, presunciones, deseo de crear una buena impresión y necesidad de reconocimiento. Potencio mi modestia y humildad. Confío en mi potencial y el de los demás. Amo de forma desinteresada. Soy como la TIERRA conectada a todo.

Después de escribir aquello me sentí aliviada.

—¡Qué liberación! Realmente es la mente que nos mantiene en una prisión —pensé—. Abandonando todos aquellos hábitos mentales y siendo fiel y leal a mí misma, era capaz de ser fiel y leal a los demás.

En aquel momento recordé las palabras de Cristal con melancolía: «Recuerda que lo que haces/das a los demás, te lo estás haciendo/dando a ti misma».

—Qué curioso —reflexioné—. Aquel fin de semana en Ibiza le dije a Sarah que el problema era que Max estaba muy pendiente de mí. Y entonces, me di cuenta de que yo estaba haciendo lo mismo con él.

Decidí mantener mi integridad y no hacer nada. Dejé el asunto en manos del universo.

3. Sirve al mundo con amor

Jueves, 27 de enero

Eran las ocho de la mañana cuando sonó el teléfono.

—Qué raro —pensé—. A aquellas horas no me llamaba nunca nadie. Miré el móvil y era Max. Respiré profundamente antes de contestar y pedí ayuda al Sabio.

—Hola, Iris, ¿cómo estás?

—Hola, Max, qué sorpresa. Muy bien, gracias, ¿y tú?

—Super bien —contestó eufórico.

—Ah, me alegro. Hace días que no sabía de ti...

—Sí. Es que necesitaba mi tiempo...

—Lo comprendo.

—¿Qué haces este fin de semana?

—Bueno, no sé. No tengo planes. ¿Y tú?

—Me voy a Londres.

Silencio. Me quedé helada. ¿Estaba recibiendo lo mismo que yo le había hecho el fin de semana anterior?

—Bueno, la vida es justa —pensé—. Max, nunca había

hecho una cosa así. A él no le gustaba viajar, pero todo cambia en la vida. —Respiré y dije—: Qué bien, me alegro por ti. Ya sabes cómo amo Londres. Disfrutarás mucho de la ciudad. Es mágica.

—Sí, lo sé. Resulta que me ha llamado Jeff, mi amigo americano, ¿te acuerdas de él?

—No.

—Le conocí durante mi viaje a Chicago en aquel curso de comunicación hará unos tres años.

—Ah, claro. Sí, sí, ya sé de quién hablas. Trabaja en Synergy & Co, ¿verdad?

—Exacto. Pues estará en Londres impartiendo un *workshop* de crecimiento personal. Voy a verle para hablar de organizarlo aquí.

—Genial.

—Es increíble cómo funciona el universo, Iris.

—¿A qué te refieres? —le pregunté.

—Justo hace unos días pensaba en que necesitamos un proyecto común.

—¿Un proyecto común?

—Sí, tú y yo. Los dos tenemos el compromiso de contribuir a crear un mundo mejor. Si unimos nuestras fuerzas, el impacto será mayor.

No podía creerlo. Aquello superaba mis expectativas. Parecía como si no fuera Max el que estuviera hablando, sino una fuerza superior a través de él. Una ternura indescriptible ablandó todo mi cuerpo. Sin pronunciarlo en voz alta, di las gracias al Sabio. Sabía que aquello era cosa de él.

—Sí, sí, es verdad —dije.

—¿Entonces estás de acuerdo?

—Claro. Pero yo creía que tú querías dejarlo.

—Bueno, tuve mis momentos de duda, pero entonces me tranquilicé, y al volver al equilibrio me vino la claridad. Cambié mi perspectiva.

—¿Y qué comprendiste?

—Que somos espejos. Lo mismo que veo de ti, lo tengo yo y viceversa. Todos mis conflictos son conmigo mismo. No tienen nada que ver contigo. Forman parte de mi proceso de crecimiento personal.

—Tienes razón. Yo también lo había pensado.

—Y me he dado cuenta de que lo más importante es servir al mundo con amor.

Con aquella frase, Max me volvió a enamorar como lo hizo la primera vez que fuimos a cenar. Que él dijera aquello, representaba un progreso enorme. Me emocioné de verdad.

—Gracias, Max. No sabes cuánto significa esto para mí.

—Lo sé. Tengo telepatía.

—¿Cómo...?

—Nada, nada, cosas mías.

—Bueno, entonces ya nos veremos cuando vuelvas de Londres —dije.

—¿De qué estás hablando? Te vienes a Londres conmigo.

—¿Qué?

—¿No decías que amas tanto esa ciudad?

—Sí —dije enternecida.

—Pues ve preparando la maleta, salimos mañana a las nueve.

—¡Wow! Max, no me lo puedo creer. Mil gracias.

—¡Ah! Y por cierto, organízate para negociar con Jeff para impartir el *workshop* con él.

—¿Cómo...? —pregunté asombrada.

—Pues eso. Quiero que lo deis juntos. Esta es mi condición para nuestra colaboración.

Me quedé sin palabras. Aquello era un gran sueño para mí. Conocía muy bien el trabajo que desarrollaba la compañía internacional de Jeff y lo admiraba enormemente. Aquello representaba un gran salto en mi carrera profesional. No podía creerlo.

—¿De verdad, crees que lo aceptará? —pregunté dudando.

—Iris, confía y disfruta.

—Ya, pero esto me parece un milagro.

—Deja que suceda lo que tenga que suceder.

Me quedé petrificada sin saber qué decir. En aquel momento comprendí profundamente la Unión que somos. Nuestros pensamientos están conectados. Mis ojos se llenaron de lágrimas. Aquello era pura magia. Nunca más dudaría de la vida, me prometí a mí misma.

—Te amo, Max.

Silencio. Miré por la ventana y vi una paloma blanca en mi balcón. El sol amanecía y su luz empezaba a iluminar el día. Una nueva oportunidad nacía. El tiempo se detuvo y escuché, al otro lado del móvil:

—Yo también, Iris.

Silencio otra vez. Mi corazón se conmovió por aquella afirmación contundente.

—Gracias, Max.

—Gracias a ti.

—Bueno, pues nos vemos mañana —dije, feliz.

—Sí, te paso a recoger a las siete.

—Perfecto. Adiós.

—Adiós, preciosa.

Colgué el teléfono. Seguidamente, puse mi música preferida a todo volumen y empecé a bailar como una loca. Me magnetizaba hacer aquello. Cuando sentía aquel éxtasis tan potente, necesitaba moverme, gritar, mirarme al espejo, apreciar toda aquella belleza y perfección.

—¡Qué vida tan maravillosa! ¡Esto es pura magia! ¡Te amooooooo, vida! —gritaba—. Soy un Instrumento del Universo. Me he convertido en un Ángel de la Tierra...

Por fin, hemos salido del mundo de la ilusión y vivimos en el mundo mágico de Cristal. Max y yo somos interdependientes.

4. La nutrición interior

Viernes, 28 de enero

Cinco de la mañana. Me desperté con una ilusión increíble. Estaba pletórica. Sabía que aquel fin de semana en Londres con Max era un regalo del Cielo. Me prometí a mí misma que sería una experiencia inolvidable para los dos. Experimentaríamos el paraíso en la Tierra, como otras veces.

Justo cuando estaba preparando la maleta, por sorpresa cayó un libro de la estantería. Se quedó abierto por la mitad. Empecé a leer aquella página.

—Qué casualidad —pensé—. Habla del amor verdadero.

Lo hojeé rápidamente, ya que no quería traérmelo. Había decidido no leer aquel fin de semana y centrar toda mi atención a mi relación con Max. Lo que leí me rozó el corazón...

Todos tenemos heridas emocionales de la infancia. Las heridas que no están sanadas causan dependencia emocional. Esas heridas se refieren al miedo al abandono, necesidad de reconocimiento, miedo al compromiso, búsqueda de aprecio, anhelo de libertad, miedo a la dependencia, etc. Seguramente, en tu infancia, percibiste una falta de atención que creó un vacío en tu interior. Te has pasado la vida intentando llenar ese vacío a través de otras personas. Tus parejas han sido un reflejo de ti. Buscaban lo mismo sin haber sanado sus heridas. El miedo a revivir lo que experimentaste de pequeña ha hecho que huyeras del compromiso protegiéndote con una máscara rígida...

Me costaba creerlo. Tenía la sensación de que ese libro me hablaba directamente.

—Desde luego, hay un mensaje claro para mí —pensé. Seguí leyendo...

Nadie puede quitarte la libertad que tanto anhelas si tú no lo permites. Todo depende de ti. Lo único que puede faltar a una relación es lo que tú no aportas. Atraes lo que eres. Tu pareja es siempre un fiel reflejo de ti misma. Lo que rechazas del otro, lo estás rechazando de ti. Da lo que quieres recibir y lo recibirás. Pregúntate si amas de la forma en que quieres ser amada. ¿Exiges más de lo que ofreces?...

Allí me detuve. Con aquello tenía más que suficiente.

Inmediatamente después de leer aquellas líneas, me di cuenta de muchas cosas de mi pasado. Era verdad que me había estado engañando durante años. Perseguía el reconocimiento de los demás y me importaba la impresión que causaba. Ya no solo de mis parejas sino también de la familia, amigos, compañeros de trabajo... Era dependiente de su aprobación sin ser consciente de ello.

En efecto, era dependiente de su amor. Buscaba en el exterior lo que tenía en mi interior. Creía que alguien podía llenar aquel vacío interior cuando solo yo podía hacerlo. Se trataba de amarme y aceptarme a mí misma.

De repente, tuve una revelación que me abrió los ojos:

—¡Ajá! He estado exigiendo amor sin condiciones cuando yo no lo he ofrecido. Sin ser consciente, ponía el amor en una prisión.

No pude evitarlo y continué leyendo:

Nútrete de tu interior y no de otras personas. Libérate de tu dependencia emocional. Así sanarás tu herida. El amor verdadero es libre, consciente, sin apegos e implica la fusión íntima. Amar consiste en aceptar tu vulnerabilidad al igual que tu poder. En esa fragilidad, eres poderosa. Cada persona es un misterio...

Paré de leer. Me caían las lágrimas. Finalmente, había comprendido el significado profundo de la Unión del Cielo y la Tierra. Uniendo los opuestos complementarios, como el poder y la fragilidad, la personalidad y el ser, el Sol y la Luna, lo masculino y lo femenino, lo consciente y lo inconsciente, mi humanidad y mi divinidad, etc., había alcanzado la armonización con el Cosmos. Eso era la cristalización del Ser.

Por fin, me di cuenta de que únicamente el amor verdadero permitía aquella Unión.

Cogí mi cuaderno y escribí:

Hoy empiezo una nueva vida. Se acaba el primer mes del que será el mejor año de mi vida. No puedo imaginarme cómo serán los próximos meses. Lo que he vivido en tan solo un mes, es casi como una vida. Siento una gratitud inmensa por todo.

Recuerdo la primera visión de aquel domingo, día 2 de enero, que me cambió la percepción de la realidad. Allí empecé a ser una espectadora de este teatro que es la vida. Después apareció Cristal, su mundo mágico, la misión de unir Cielo y Tierra, y el Sabio. Parece que haga una eternidad. Solo hace un mes. El tiempo es relativo.

Todo está dentro de mí. Siento una inmensa pasión y entusiasmo por la vida. La amo con todo mi corazón. Por fin, soy libre de verdad. Me he convertido en un Instrumento del Universo. Soy humana, frágil y vulnerable, pero también soy divina, eterna y poderosa.

Soy completa. INFINITAS GRACIAS POR ESTA EXPERIENCIA TAN MÁGICA.

A partir de hoy, dejo que suceda lo que tiene que suceder. Estoy viviendo el mejor año de mi vida.

Acabé de preparar la maleta y, justo en aquel momento, llegó Max. Solo verlo me lancé a sus brazos y nos fundimos en un abrazo infinito. Nos miramos fijamente a los ojos y, sin pronunciar una palabra, nos comprendimos. La complicidad era evidente.

—A veces, una mirada habla más que mil palabras —pensé.

Entonces, Max dijo:

—Vamos, que llegamos tarde.

—OK. Estoy lista para el viaje.

Y nos fuimos ilusionados como dos niños empezando una nueva aventura...

RESUMEN
4.ª ETAPA DEL VIAJE INTERIOR

Unión del puente
(Fin del viaje)

– Somos Tierra (yo físico)
– Actitud interdependiente y modesta:

1. Visita la tierra de otros
2. Libérate de las «malas hierbas»
3. Sirve al mundo con amor
4. La nutrición interior

Epílogo: Celebra la vida

Lunes, 31 de enero

Mejor día de la semana. Nueva semana, nueva oportunidad. Último día del primer mes del mejor año de mi vida. Cinco de la mañana como de costumbre. Me desperté con la misma plenitud que había experimentado durante todo el fin de semana en Londres.

De repente, pensé en Cristal. Cómo me gustaría compartir con ella todo lo que había sucedido en aquellos tres días mágicos. Cristal, se pondría muy feliz. Aunque no apareciera como acostumbraba a hacer, sentía su presencia igual de viva. En mi corazón, sabía que Cristal estaba en mí; finalmente nos habíamos unido por completo.

Con esos pensamientos en mi mente, impulsivamente abrí un cajón de la habitación y encontré un libro.

—Qué extraño —pensé.

No recordaba haber puesto ninguno allí. Me llamó mucho la atención el título: *El mejor año de tu vida*. Abrí la primera página y decía:

Querida Iris,

No pensarías que me iba a ir sin despedirme de ti. Después de haber disfrutado de este fantástico fin de semana en Londres, quiero reconocer el progreso en tu viaje interior.

Tu compromiso y dedicación diaria demuestran el amor incondicional que sientes por la vida. Todo ese amor es el que retorna siempre a ti.

Finalmente, te has liberado de la prisión mental en la que vivías. Ahora eres consciente de los condicionamientos de tu mente y no dejas que te controlen. Has tomado las riendas de tu vida. Eres una espectadora en el «aquí y ahora».

En tu viaje interior, te has convertido en un Instrumento del Universo entrenándote cada día con una actitud:

— Inocente y alerta (Apertura).
— Adulta y brillante (Purificación).
— Equilibrada y neutral (Firmeza).
— Interdependiente y modesta (Unión).

Esto te ha permitido integrar tu yo espiritual, mental, emocional y físico. Así has conseguido cambiar el paradigma que regía tu vida: de la mente (miedo) al corazón (amor). Ahora confías plenamente y sabes que no hay motivos para temer. Por fin, tu mente se ha rendido al amor.

Eres libre, Iris.

Estás viviendo el mejor año de tu vida. Hoy empieza tu «vida real». Celébralo. Hazte un gran regalo, organiza una fiesta, ve a darte un masaje, baila, canta, haz un viaje; lo que sea para celebrarlo.

Te espera una vida fascinante con sorpresas inesperadas. Dis-

fruta de cada segundo como si fuera el último. Aprecia la belleza y perfección de cada momento.

Visita la comunidad de la Consciencia de Unidad. Ahora ya has cruzado el puente y eres uno de ellos. Te has convertido en un Ángel de la Tierra o Creadora Consciente.

Recuerda siempre que tu actitud interna lo determina todo. Tú tienes el poder de sintonizar con quien tú eres realmente y así estar en armonía con el Cosmos. No olvides pedir ayuda al Sabio cada vez que lo necesites.

Seguramente te gustará saber que Max ha recorrido el mismo trayecto que tú. Vuestra unión forma parte del Plan Divino. Sois una «metapareja»; vuestra relación tiene un propósito superior. Juntos crearéis un impacto mayor en la sociedad.

Es importante que sepas también que a partir de ahora empezarán a aparecer nuevas personas en tu camino. Háblales del mundo mágico, del Sabio, del cambio de paradigma, de la varita mágica, de las cuatro etapas del viaje interior. Participa en la misión universal del planeta.

Deja que suceda lo que tenga que suceder.
Namasté,

Fdo.: Cristal.

P.S. Mira por la ventana en este preciso momento. ¿Aún no te has preguntado el porqué te llamas Iris?

Con lágrimas de emoción en los ojos y el corazón latiendo a mil, miré por la ventana y vi un inmenso arco iris que unía el Cielo y la Tierra con su diversidad de colores.

Las cuatro etapas
del cambio de paradigma

1.ª etapa: **Apertura del puente**
(Puerta al Cielo)

– Somos Cielo (yo espiritual)
– Actitud inocente y alerta:

1. Alégrate de no-saber
2. Libérate de la impaciencia, fantasías y proyecciones
3. Sal de la *caja* (zona de confort)
4. Las *sincronicidades* mágicas

2.ª etapa: **Purificación del puente**
(Quemar condicionamientos)

– Somos Fuego (yo mental)
– Actitud adulta y brillante:

1. Olvídate del *cómo*
2. Libérate de quejas y roles innecesarios
3. Cambia de perspectiva
4. La perspectiva perfecta

3.ª etapa: Firmeza del puente
(Equilibrio de polaridades)

– Somos Agua (yo emocional)
– Actitud equilibrada y neutral:

1. Deja de juzgar lo bueno y/o malo
2. Libérate de culpas y de creencias limitantes del pasado
3. Perdónate y perdona a los demás
4. La independencia interior

4.ª etapa: Unión del puente
(Fin del viaje)

– Somos Tierra (yo físico)
– Actitud interdependiente y modesta:

1. Visita la tierra de otros
2. Libérate de las «malas hierbas» de la separación
3. Sirve al mundo con amor
4. La nutrición interior

Libros recomendados

Bucay, Jorge y Salinas, Silvia, *Amarse con los ojos abiertos*, RBA.

Chopra, Deepak, *The seven spiritual laws of success*, Hay House.

Chopra, Deepak, *SincroDestino*, Alamah.

Dyer, Wayne, *The Shift*, Hay House.

Eker, T. Harv, *Secrets of the millionaire mind*, Collins.

Ferrini, Paul, *Amor sin condiciones*, Ediciones el Grano de Mostaza.

Franckh, Pierre, *La ley de la resonancia*, Obelisco.

Gangaji, *El diamante en tu bolsillo*, Gaia.

Isha, *¿Por qué caminar si puedes volar?*, Aguilar.

Labonté, Marie Lise, *Hacia el amor verdadero*, Luciérnaga.

Lomar, Jorge, *Ecología mental*, Corona Borealis.

Osho, *Aprender a amar*, Debolsillo.

Parise, José Luis, *Casualizar*, De los cuatro vientos.

Richo, David, *How to be an adult*, Paulist Press.

Roman, Sanaya, *Spiritual Growth*, H J Kramer Inc.

Rosenberg, Marshall B., *Comunicación no violenta*, Gran Aldea Editores.

Ruiz, Miguel, *Los cuatro acuerdos*, Amber-Allen Publishing.
Tolle, Eckhart, *Un nuevo mundo ahora*, Grijalbo.
Williamson, Marianne, *Enchanted Love*, Simon & Schuster
Paperbacks.

¿Qué puedes hacer a partir de ahora?

Querido lector, querida lectora:

- ¿Te gustaría propagar el amor en el mundo?
- ¿Quieres contribuir a que haya más personas que vivan desde el ser esencial y amoroso que somos?
- ¿Te imaginas cómo cambiaría el mundo si todos eleváramos la conciencia a la Unidad que somos?

Mi misión en esta vida es ayudar a las personas a ser libres, a "despertar" del sueño de la personalidad o ego, para liberar el ser esencial y descubrir el infinito potencial que tenemos. Todos, sin excepción podemos manifestar la vida de nuestros mayores sueños, con facilidad y sin esfuerzo. Deseo de corazón que mi propio testimonio te haya inspirado y servido como guía para tu propio proceso de liberación.

¡¡No te conformes! Te mereces lo mejor. Ábrete al amor de tu ser. Ha llegado el momento de empezar a vivir con otro paradigma mental para descubrir la vida "real", que nos hemos estado perdiendo. Estás aquí para ser feliz y gozar del vivir. No hay tiempo que perder.

TE PIDO UN PEQUEÑO FAVOR:

Si quieres contribuir a difundir el poder del amor incondicional en el mundo y crees que es importante que otras personas descubran cómo liberarse de la "matrix mental" o sueño del abuso, para volver al paraíso en la tierra, te pido por favor que hagas lo siguiente:

1. Regala este libro a todas las personas que quieres, como muestra de tu amor.
2. Hazte una foto con el libro, súbela a las redes sociales y etiquétame. Mi Instagram es @monicafuste y será un regalo para mí recibir tu foto.
3. Envíame un correo a **contacto@monicafuste.com** con tu opinión sobre el libro o una foto para que pueda compartirla.
4. Si lo prefieres, puedes grabar un corto vídeo con tu móvil, explicando cómo te ha ayudado este libro y recomendándolo para que otras personas aprendan a usar la rendición.

GRACIAS, GRACIAS y mil GRACIAS por leerme, recomendarme y sobre todo, por querer aprender a manifestar la vida de tus mayores sueños, con facilidad y sin esfuerzo.

Regalo para ti

¡Tengo un REGALO para ti! Empieza descargándote mis **RECURSOS GRATUITOS** aquí:

https://www.monicafuste.com/recursos-gratuitos/

Si te ha gustado este libro, te encantarán mis libros anteriores, donde comparto todo lo que he aprendido, a lo largo de más de diez años de continua superación y búsqueda espiritual. Son libros inspiradores, impactantes y transformadores porque surgen de la propia experiencia personal. Te animo a seguir invirtiendo en ti con lecturas como estas para vivir plenamente con el corazón abierto.

Mis otros libros publicados son:

- *"Despierta ¿vives o sobrevives?"*, autoeditado en Febrero, 2009.
- *"El mejor año de tu vida. Deja que suceda lo que tenga que suceder".* Editorial Mònica Fusté en Mayo, 2011 y editado por Editorial Planeta Mexicana, bajo el sello DIANA en Junio, 2012.
- *"SuperAcción. Acelera tu ruta al éxito con un innovador método de coaching de alto impacto".* Ediciones Obelisco, Junio, 2013.
- *"Sé Tu Mejor Aliado. 10 pasos para vivir con abundancia y alcanzar la paz mental"*, autoeditado en Abril, 2016.
- *"El Poder de la Rendición. Renuncia al ego, libérate de tus miedos y sintoniza con tu ser esencial".* Alienta editorial- Grupo Planeta en Octubre 2019.

Encontrarás más información sobre los libros en mi web. Y si lo que necesitas es un acompañamiento más personalizado para descubrir quién eres realmente, poder vivir de tu talento, creando un negocio rentable y escalable, te recomiendo que consultes mis programas de mentoring de alto impacto y mis cursos online del Instituto de SuperAcción y de Coach Premium. Será un placer trabajar contigo de forma personalizada y acompañarte en tu camino de crear la vida que deseas. Puedes encontrar más información de mis programas de mentoring y cursos online en mis webs:

www.monicafuste.com
www.institutodesuperaccion.com
www.coachpremium.com

Estoy 100% comprometida con mi propósito divino de compartir todo lo que a mí me ha ayudado a manifestar la vida de mis mayores sueños, con facilidad y sin esfuerzo. Deseo con todo mi corazón que tú también reconozcas por fin quién eres realmente para vivir la vida extraordinaria que mereces. Por esto te invito a **seguirme en las redes sociales** donde cada día comparto contenido de valor para seguir ayudándote a "despertar" y ser libre en todas las áreas de tu vida.

SÍGUEME EN LAS REDES SOCIALES:

@monicafuste

Mònica Fusté

@monicafuste.coach

@MonicaFuste

Gracias por estar aquí y por haber elegido este libro para ex-perimentar el amor que eres. Al rendir tu mente al servicio del corazón, estás ayudando al mundo a "despertar" del sueño del miedo.

Gracias de corazón.
Con todo mi amor incondicional,
Mònica

CONOCE A LA AUTORA

Mònica Fusté es emprendedora, autora de desarrollo personal, conferenciante, economista y mentora de alto impacto formada en Estados Unidos. Su trabajo la ha convertido en una referente en el sector de coaching en España.

Habla cuatro idiomas, ha trabajado en la City de Londres y en el Banco Europeo de Inversiones (BEI) de Luxemburgo. Tras darse cuenta de que ese no era su camino, se formó como co-active coach en California y Chicago con la prestigiosa escuela The Coaches Training Institute (CTI) y está certificada por la ICC (International Coaches Community). Graduada en el International Leadership

Program de CTI, es también coach de sistemas organizacionales y relacionales formada en el Center for Right Relationship (CRR), certificada como coach con PNL y coaching por Valores.

Fundadora del Instituto de SuperAcción y de Coach Premium. Es experta en consciencia y creadora de programas de aceleración empresarial para profesionales independientes. Autora de "Despierta, ¿vives o sobrevives?" (2009), "El mejor año de tu vida" (2011), "SuperAcción" (2013), "Sé Tu Mejor Aliado" (2016) y "El Poder de la Rendición" (2019).

Dicen de ella que activa a las personas, les contagia la actitud de "todo es posible", que va directa al grano y transmite mucha fuerza, foco y confianza. La vida le ha regalado el don de la autoindagación desde muy temprana edad, hecho que le ha permitido expandir su conciencia para ayudar a los demás a crear una vida libre y realizada.

Ha colaborado en varios medios de comunicación e impartido conferencias en distintas ciudades de España y también en el extranjero, como en Emiratos Árabes, Luxemburgo o Latinoamérica.

Webs de la autora:

www.monicafuste.com
www.coachpremium.com
www.institutodesuperaccion.com

Síguela en las redes sociales:

Instagram: @monicafuste
Youtube: **https://www.youtube.com/monicafuste**

Facebook: monicafuste.coach
Twitter: @monicafuste